Rainer Wahl
Herausforderungen und Antworten:
Das Öffentliche Recht der letzten fünf Jahrzehnte

Schriftenreihe
der
Juristischen Gesellschaft zu Berlin

Heft 178

W
DE
G
RECHT

De Gruyter Recht · Berlin

Herausforderungen und Antworten: Das Öffentliche Recht der letzten fünf Jahrzehnte

Von
Rainer Wahl

Überarbeitete und erweiterte Fassung eines Vortrages,
gehalten vor der
Juristischen Gesellschaft zu Berlin
am 12. Januar 2005

W DE G
RECHT

De Gruyter Recht · Berlin

Professor Dr. *Rainer Wahl,*
Universitäts-Professor an der Universität Freiburg i.Br.

Gedruckt auf säurefreiem Papier,
das die US-ANSI-Norm über Haltbarkeit erfüllt.

ISBN-13: 978-3-89949-327-6
ISBN-10: 3-89949-327-3

Bibliografische Information Der Deutschen Bibliothek

Die Deutsche Bibliothek verzeichnet diese Publikation in der Deutschen
Nationalbibliografie; detaillierte bibliografische Daten sind im Internet über
http://dnb.ddb.de abrufbar.

Printed in Germany

Satz: DTP Johanna Boy, Brennberg
Druck: Druckerei Gerike GmbH, Berlin
Buchbinderische Verarbeitung: Industriebuchbinderei Fuhrmann GmbH & Co. KG, Berlin

Den Freiburger Kollegen des Öffentlichen Rechts

Vorwort

Die Abhandlung ist aus dem Vortrag vom 12. Januar 2005 vor der Juristischen Gesellschaft in Berlin herausgewachsen. Sie hat den Zuschnitt eines Vortrags verlassen, ist aber in der Form eines erweiterten Vortrags verblieben. Dies hat Auswirkungen. Eine umfassende und flächendeckende Darstellung ist im folgenden Rahmen nicht möglich. Die Zitate erstreben nicht Vollständigkeit. Zur Abkürzung ist dort, wo eigene Arbeiten eine Konkretisierung oder größere Ausführlichkeit enthalten, auf diese verwiesen.

Freiburg, den 25. Januar 2006

Gliederung

A
Wozu eine Geschichte des geltenden Öffentlichen Rechts?

Im Schiller-Jahr ist es wohl angemessen, die Ausgangsfrage so zu formulieren: Wozu und zu welchem Ende studiert man die Geschichte des *geltenden* Rechts? Das Interesse richtet sich nicht auf Sinn und Nutzen der Rechtsgeschichte generell,[1] sondern genauer auf den Sinn einer Entwicklungsgeschichte des geltenden Rechts. Zu fragen ist, ob an einer Historisierung gerade des heutigen Rechts ein Bedarf besteht und ob sie einen selbständigen Wert, sagen wir: einen Mehrwert gegenüber der üblichen dogmatik-internen Bearbeitung hat. Im folgenden geht es um (Bruchstücke der) Geschichte des Verfassungs- und Verwaltungsrechts, nicht um eine Rechtswissenschaftsgeschichte, also nicht um eine Verfassungsrechtswissenschafts-Geschichte oder eine Verwaltungs-rechtswissenschafts-Geschichte.[2]

Die Studie zielt auf eine *Historisierung des geltenden Öffentlichen Rechts* im ganzen; sie will deshalb nicht nur Verlaufsgeschichten von einzelnen dogmatischen Figuren und Instituten nebeneinanderstellen. Verstehen kann man das deutsche Öffentliche Recht der letzten Jahrzehnte nur, wenn man seine spezifischen Eigenarten identifiziert.[3] Eine Historisierung trägt zu diesem Erkenntnisziel entscheidend dadurch bei, daß sie den Neuanfang nach 1945/49 und die weitere Entwicklung aus ihrer Zeit und deren leitenden Vorstellungen interpretiert. Marksteine der dogmatischen Entwicklung resultieren regelmäßig nicht nur aus rechts-internen Prozessen, sie nehmen statt dessen ihre Anstöße

---

[1] Dazu rhetorisch gefragt: *Ogorek*, Warum noch Rechtsgeschichte?, in: Simon (Hrsg.), Rechtswissenschaft in der Bonner Republik, 1994, S. 12, 34 ff. Der ganze Aufsatz handelt von den an das Fach herangetragenen Zweifeln (Fremd-, wie auch Selbstzweifeln) und den dagegen ins Feld geführten Rechtfertigungen.

[2] Die Rechtswissenschafts-Geschichte hat grundlegend und umfassend bearbeitet *Stolleis*, Geschichte des Öffentlichen Rechts in Deutschland, Bd. 1–3, 1988, 1992 und 1999, sowie *ders.*, Verwaltungsrechtswissenschaft in der Bundesrepublik Deutschland, in: Simon (Hrsg.), Rechtswissenschaft (Fn. 1) S. 227 ff. – Zur Geschichte der Methoden *Bumke*, Die Entwicklung der verwaltungsrechtswissenschaftlichen Methodik in der Bundesrepublik Deutschland, in: Schmidt-Aßmann/Hoffmann-Riem (Hrsg.), Methoden der Verwaltungsrechtswissenschaft, 2004, S. 73 ff.

[3] Dazu schon *Wahl*, Zwei Phasen des Öffentlichen Rechts nach 1949, in: ders., Verfassungsstaat, Europäisierung, Internationalisierung, 2003, S. 412 Fn. 3: Historisierung begreift das geltende Recht als ein seinen Eigenarten, in seinem Geist einer bestimmten Epoche verpflichteten Rechts. Dieser Verortung in bestimmten Situationen am Anfang oder später schließt nicht aus, daß dieses Recht unter den bestimmenden Einfluß anderer und neuer Grundgedanken geraten ist. – „Zur Historisierung der Lüth-Rechtsprechung" *ders.*, Die objektiv-rechtliche Dimension der Grundrechte im internationalen Vergleich, in: Merten/Papier (Hrsg.), Handbuch der Grundrechte in Deutschland und Europa, Bd. 1, 2004, § 19 Rn. 12 ff. (= *ders.*, in: Henne/Riedlinger (Hrsg.), Das Lüth-Urteil aus (rechts-)historischer Sicht. Der Konflikt um Veit Harlan und die Grundrechtsjudikatur des Bundesverfassungsgerichts, 2005, S. 371, 383).

und vor allem ihre (Durchschlags)Kraft aus einem geistigen Ambiente, einem wirksamkeitsfördernden Umfeld.[4]

Damit steht die – hier gewählte Variante der – Historisierung des geltenden Rechts[5] jedenfalls auch im Dienste der Selbsterkenntnis. Ihr geht es nicht einfach um die historische Entwicklungslinie, die die Gegenwart mit ihrem Ursprung in der Vergangenheit verbindet, sondern ihr geht es in der umgekehrten Blickrichtung um bleibende Prägungen des heutigen Rechts durch die Anfänge (oder spätere Zwischenschritte in der Entwicklung). Für das Öffentliche Recht nach 1949 interessiert hier die Frage, ob die damaligen Anfangsbedingungen der Entwicklung eine spezifische Ausrichtung und Gestalt aufgeprägt haben, sozusagen ein Gesetz, nach dem das Öffentliche Recht damals angetreten ist und in dessen Bann es heute noch steht.[6]

Dem besonderen Interesse an der Anfangszeit liegt die Vermutung zugrunde, daß es am Anfang Weichenstellungen gegeben hat, die lange nachwirken und tiefer gehen als gewöhnliche Neuerungen.

Der gängige innerdogmatische Blick bleibt in der Gegenwart und ihren (Auslegungs)Problemen verhaftet, auch wenn er vorübergehend zur Entstehungszeit geht. Er kehrt aber bald wieder zur – eigentlich interessierenden – Gegenwart zurück, das geschichtliche Interesse ist instrumentell auf die Gegenwartsprobleme ausgerichtet. Demgegenüber bleibt die Historisierung mit ihrem Interesse in der Vergangenheit und am Ursprung des geltenden Rechts. Sie will die (geistigen) Quellen und deren zeitliche Bedingtheit umfassend erheben; sie will das damals entstandene Recht möglichst tief in der damaligen Zeit und ihrem geistigem Hintergrund „verorten".[7]

Dem Kern oder den Wurzeln einer Rechtsepoche kommt man näher, wenn man sich einer speziellen Kategorie des Rechts zuwendet, nämlich den

---

[4] Zu diesem Programm *Wahl*, Die objektive Dimension (Fn. 3), § 19 Rn. 28.

[5] Erste Ansätze zur Historisierung des Grundrechtsverständnisses und der Lüth-Rechtsprechung bei *Wahl*, Die objektive Dimension (Fn. 3), § 19 Rn. 12 ff. (= *ders.*, in: Henne/Riedlinger (Fn. 3), S. 383). Ein explizites Programm der Historisierung findet sich bei *Henne/Riedlinger*, Zur Historisierung der Rechtsprechung des Bundesverfassungsgerichts – ein Programm und seine Folgen, in: *dies.* (Fn. 3), S. 1 ff.; Henne/Riedlinger verstehen unter Historisierung programmatisch einen Zugriff „der die Rechtsprechung des Bundesverfassungsgerichts nicht nur aus sich heraus und vornehmlich konzentriert auf das juristische Substrat der Entscheidungen betrachtet, sondern auch Umfeld und Umstände ihrer Entstehung in den Blick nimmt". – Eine Historisierung der Lüth-Entscheidung fordert schon *Jestaedt*, Die Meinungsfreiheit und ihre verfassungsrechtlichen Grenzen – Das Lüth-Urteil zwischen Dogmatisierung und Historisierung, in: Rill (Hrsg.) Grundrechte – Grundpflichten: Eine untrennbare Verbindung, 2001, S. 67 ff.; vgl. auch oben Fn. 3.

[6] Deshalb geht der Gedankengang nicht vom vorläufigen Ende der Entwicklung in der Gegenwart aus, sondern die Historisierung nimmt die Entstehungszeit (oder ein Zwischenstadium auf dem Weg zum heutigen Verständnis) als solche ins Blickfeld, es interessieren die Bedingungen und der geistige Hintergrund von damals.

[7] Exemplifiziert für die Lüth-Rechtsprechung, vgl. *Wahl*, Die objektive Dimension (Fn. 3).

jeweiligen Grundentscheidungen. Das sind unter den zahllosen Detailnormen einer Rechtsordnung diejenigen, die man als *prägende Weichenstellungen* bezeichnen kann. Ihrer Eigenart nach bestimmen sie zugleich den spezifischen *Entwicklungspfad* einer Rechtsordnung. Kennzeichnend für sie ist ihre Fundierung in (damals) für maßgeblich gehaltenen Grundanschauungen.[8] Sie sind zu Weichenstellungen geworden, weil sie in ihrer Zeit Konsens gefunden und Maßgeblichkeit erlangt haben. Sie waren Ausdruck der leitenden Überzeugungen, sie formten über ihre spezielle inhaltliche Bedeutung hinaus das Rechtsdenken ihrer Zeit und die Auffassung von dem, was Rechtens ist. Für das hier verfolgte Konzept sind die Begriffe „Weichenstellungen" und „Entwicklungspfad" konstitutiv.

Historisierung macht darauf aufmerksam, daß das geltende Öffentliche Recht nicht aus beliebigen Diskursen über richtige oder zweckmäßige Lösungen im Recht entstanden ist, sondern daß eine konkrete geschichtliche Lage und die geistige Signatur einer Zeit eine ausschlaggebende Rolle gespielt haben. Es hat Gründe, warum das deutsche Recht so stark auf Verrechtlichung und Gerichtsschutz, auf rechtliche Maßstäbe und hohe Kontrolldichte setzt. Diese Gründe aufzudecken und zu benennen, ist eine der vornehmsten Aufgaben der Rechtswissenschaft als Wissenschaft.[9] Das eigene Recht versteht man nur richtig und angemessen vertieft, wenn man die Gründe für seine Eigenarten kennt und über seine Entwicklungslinien Bescheid weiß. Im Bild des Weges: Nur wer weiß, woher er kommt, kann überhaupt bewußt entscheiden, ob er den bisherigen Weg fortsetzen will oder nicht.

Eine Historisierung des Rechts der Bundesrepublik ist nach über 50 Jahren an der Zeit. Notwendig ist sie aber längst aus einem zweiten wichtigen Grund, nämlich wegen der wechselseitigen Verflechtung der nationalen Rechtsordnungen in der EU miteinander und mit dem Gemeinschaftsrecht. Indem die Bundesrepublik Deutschland ein Mitgliedsstaat der EWG/EG/EU geworden ist, haben sich das deutsche Recht und damit auch das Öffentliche Recht in einer beispiellosen Weise verändert. Deutsches Recht, das Gemeinschaftsrecht und das Recht der anderen Mitgliedsstaaten sind durch den Fundamentalvorgang der Eingliederung in die EU und die daraus folgende Europäisierung des nationalen Rechts in einer vorbildlosen Weise in ein dichtes Neben- und Ineinander geraten. Diese epochalen Vorgänge[10] haben nach meiner Einschätzung

---

[8] Eine Folge ihres weichenstellenden Charakters ist ihre sehr hohe Änderungsresistenz. Zwar ist nichts in einer Rechtsordnung gegen eine Änderung oder eine Alternative gefeit, aber die Grundentscheidungen zeigen einen Typ von Entscheidungen, der für mehrere Jahrzehnte praktisch änderungsresistent ist. Es handelt sich um die typusbestimmenden oder auch identitätsbestimmenden Merkmale einer Rechtsordnung, um Konzepte und Annahmen, die die englische Rechtsordnung zu einer englischen, die französische zu einer französischen und eben auch die deutsche Rechtsordnung nach 1949 zu einer eigenen und spezifischen macht.

[9] Und einer wissenschaftlich fundierten Juristenausbildung, die die entscheidende Sozialisierung der Studierenden in ein Verständnis von Recht und Rechtsdenken bewirkt.

[10] Näheres dazu unten.

das deutsche (Öffentliche) Recht in eine *zweite Phase seiner Entwicklung* unter dem Grundgesetz gebracht.[11] Der im folgenden interessierende Teilaspekt ist: Recht wird in Europa heute zunehmend im Vergleich zu den anderen Rechtsordnungen erlebt. Das deutsche Recht erhält für den deutschen Juristen seine Konturen im Unterschied und auf dem Hintergrund der Regeln, der Institute und des Rechtsdenkens der anderen Rechtsordnungen. Das Neue ist die Abwendung von der fast totalen Binnenorientierung des Juristen auf seine Rechtsordnung hin zur Außenorientierung, zur heutigen Normalsituation des ständigen Vergleichens.[12] Zur Regel wird ein neues *Hin- und Her- Wandern des Blicks*[13] von der eigenen Rechtsordnung zu den anderen Rechtsordnungen. Hervorzuheben ist, daß sich diese Vergleichshaltung nicht mehr nur auf den akademischen Rechtsvergleicher beschränkt, sondern daß dies zum Merkmal der Berufspraxis vieler Juristen (Unternehmensberater, Rechtsanwälte) geworden ist.[14] Viele Juristen erleben das eigene Recht unter den Bedingungen des Vergleichs mit anderen Rechtsordnungen. (Über die Bedeutung dieses Dialogs und dieser Außenorientierung soll hier nicht weiter gesprochen werden[15]).

Für unser Thema sind die Voraussetzungen für einen solchen Dialog und ständigen Vergleich von besonderem Interesse: Diese Voraussetzungen sind – dies mag zunächst paradox klingen – die Historisierung des eigenen Rechts. Die gebotene Haltung des Vergleichens kann nur einnehmen, wer das eigene Recht nicht für die selbstverständliche oder einzig richtige Lösung hält, sondern der es als Faktum ansieht, daß sich die Grundannahmen in der Rechtsordnung unterscheiden können, und der sich gerade aus der Gegenüberstellung verschiedener Ansätze Erkenntnisse verspricht. Man muß nämlich in diesem Dialog nicht nur wissen, daß das deutsche Recht bei vielen Problemen andere Lösungen trifft als das französische oder englische. Man muß vor allem wissen, *warum* das deutsche Recht so ist, wie es ist, warum

---

[11] Dazu schon *Wahl,* Die zweite Phase des Öffentlichen Rechts in Deutschland. Die Europäisierung des Öffentlichen Rechts, Der Staat 38 (1999) S. 495 ff.; *ders.,* Zwei Phasen des Öffentlichen Rechts (Fn. 3), S. 411, 412, jeweils mit dem Hinweis, daß das Konzept der zwei Phasen die Historisierung der Anfangsjahre der Bundesrepublik befördert.

[12] *Wahl,* Die zweite Phase (Fn. 11), S. 515.

[13] In Abwandlung der bekannten Formulierung von *Engisch,* Logische Studien zur Gesetzesanwendung, 3. Aufl. 1963, S. 15.

[14] *Wahl,* Die zweite Phase (Fn. 11). Das Recht eines anderen Landes interessiert dabei nicht in der Perspektive des klassischen Rechtsvergleichers, der nach der besten Lösung für ein Sachproblem Ausschau hält. Die Perspektive ist hier die einer für die Berufspraxis wichtigen Rechtsvergleichung. Wie ist das Recht in einem anderen Lande, wie ist vor allem das „law in action", nicht nur das „law in the books". – Wie schwierig auch immer es ist, dieses „law in action" zu ermitteln (damit beschäftigte sich die Diskussion des Vortrags im Jan. 2005 ausführlich), genau dieses gelebte Recht ist der Zielpunkt des Interesses der Rechtsvergleichung aus den Bedürfnissen der Praxis (der Unternehmensberatung, der Rechtsberatung). Sie müssen so viele Kenntnisse und Erfahrungen vom gelebten Recht des anderen Landes, in dem ihr praktisches Rechtsproblem spielt, zusammentragen, wie sie vermögen.

[15] Dazu *Wahl,* Die zweite Phase (Fn. 11), S. 513 f.

z.B. deutsche Juristen auf der Spur eines spezifischen Entwicklungspfades argumentieren, warum sie fast immer zu Lösungen kommen, die einen höheren
Grad an Verrechtlichung und Gerichtskontrolle einschließen. Genau wegen
dieser Probleme ist Historisierung unerläßlich. Zur Illustrierung mag man
eine Beobachtung hinzusetzen: Wenn man sich mit englischem Recht befaßt
und englische Kollegen nach zentralen Instituten fragt, dann erhält man fast
immer die Antwort, daß man dies nur aus der Geschichte erklären könne.
Genau so ist es, aber nicht nur in England, sondern auch beim deutschen
Recht. Die Geschichte des geltenden Rechts erweist sich als Medium für den
Dialog mit anderen Rechtsordnungen,[16] zugleich aber auch als Medium des
eigenen – vertieften – Selbstverständnisses.[17]

Die Geschichte des geltenden Rechts, die auf das (tiefere) Verstehen der
eigenen Rechtsordnung aus ist, wendet sich zuerst und sehr ausführlich der
Gründungsphase nach 1945/49 (Teil B) und anschließend den großen sozialen
und wirtschaftlichen Herausforderungen zu, auf die das Öffentliche Recht
antworten mußte (Teil C).

B
Die Gründungsphase
des Öffentlichen Rechts in den 50er Jahren

I. Merkmale des Rechts der Gründungsphase

1. Das Grundgesetz als Zentrum

Für die Erneuerung des Rechts nach 1945 bildete das Inkrafttreten des
Grundgesetzes die zeitliche und geistige Mitte.[18] Die Wiedereinsetzung alter

---

[16] Für jede Rechtsordnung gilt, daß eine Rechtsfigur das Ergebnis von historischen
Entwicklungen und in der Gesamtentwicklung der Rechtsordnung angelegt sei. Hinter
dem Argument „der Geschichte" werden die Grundsätze, die Prinzipien, die Leitlinien,
die Grundüberzeugungen deutlich, aus denen sich die konkreten positiven Regeln und
einzelnen rechtstechnischen Figuren ableiten. In den Dialog kommt man also über die
Unterschiede in den Figuren und über die in der jeweiligen Geschichte ausgeprägten
Grundsätze und Leitlinien, wie etwa das jeweilige Bild von der Verwaltung, über die
Eigenständigkeit oder Abhängigkeit der Verwaltung, dazu *Wahl*, Die zweite Phase
(Fn. 11), S. 413. Insgesamt: Rechtsgeschichte des geltenden Rechts als Medium des
Selbstverständnisses und als Medium des Dialogs.

[17] Beides hängt zusammen: Zum einen kann man nur mit diesem Wissen im
Hintergrund das Andere der anderen Rechtsordnung zutreffend erkennen. Und zum
anderen wird man im Spiegel des anderen Rechts das Spezifische des eigenen Rechts
besser erkennen. M.a.W. der Rechtsvergleich schärft das Bewußtsein und die Erkenntnis
für die Eigenarten der eigenen wie der anderen Rechtsordnung.

[18] Für die Zeit davor in rechtswissenschaftsgeschichtlicher Perspektive *Stolleis*,
Verwaltungsrechtswissenschaft (Fn. 2), S. 231 mit dem Hinweis, daß zunächst die
Parole galt: Zurück zum klassischen Verwaltungsrecht und starke Zurückhaltung

und die Formulierung neuer verfassungsrechtlicher Prinzipien hatten eine Vorgeschichte in den Entwicklungen der neu begründeten Länder. Maßgeblich und weit ausstrahlend wurde aber primär das Grundgesetz und dies auch dort, wo es Entwicklungen der ersten vier Jahre bestätigte und bekräftigte. Das Grundgesetz selbst hatte bekanntermaßen schon in den 50er Jahren eine große Ausstrahlungskraft erreicht. Diese kräftigen Entwicklungsimpulse durch das Grundgesetz können hier nicht in vollem Umfang behandelt werden; sie verdienen es aber, im Überblick in Erinnerung gerufen zu werden, ehe dann im folgenden und im Kern die Neuerungen im Verwaltungsrecht im Mittelpunkt der weiteren Überlegungen stehen werden.[19]

Die Führungsrolle in der Rechtsentwicklung hatte zweifellos das neue Grundgesetz und seine rasch anhebende Entfaltung durch intensive Interpretation. Erste Arbeiten[20] versuchten, das Neue im Grundgesetz zu charakterisieren, wobei zunächst die klassischen staatsorganisatorischen Regelungen der Verfassung im Mittelpunkt standen.[21] Später wandte man sich bevorzugt den Grundrechten und vor allem dem alles überstrahlenden Art. 1 GG zu.[22] Neben der gleich noch zu erwähnenden Wertinterpretation der Grundrechte, die dem Grundgesetz insgesamt und insbesondere seinem ersten Abschnitt eine neue materiale Grundlage zu geben versprach,[23] wandte sich die Aufmerksamkeit der Interpretation dem in Art. 1 Abs. 3 GG zum Ausdruck kommenden neuen verfassungsrechtlichen Gehalt der Grundrechte zu. Mit der Formel: „Von der Gesetzmäßigkeit der Verwaltung zur Verfassungsmäßigkeit der Gesetze" versuchte man, den großen Schritt über die Weimarer Rechtslage hinaus[24] zu verdeutlichen. Einen weiteren großen

---

gegenüber dem GG. – Dies änderte sich bald, soweit sich die Literatur auf die neue Institution der Verwaltungsgerichtsbarkeit und die immer stärker anschwellende Zahl von Entscheidungen einließ, weil in der Rechtsprechung das GG rasch eine überragende Stellung einnahm (vgl. dazu den Text unten 6.).

[19] Natürlich ergeben erst die Entwicklungen im Verfassungs- und im Verwaltungsrecht zusammen das Gesamtbild des Öffentlichen Rechts nach 1945/49.

[20] *Ipsen*, Das Grundgesetz in seiner Vorläufigkeit, in: Recht – Staat – Wirtschaft II, S.182 ff.; *Weber*, Spannungen und Kräfte im westdeutschen Verfassungssystem, 1951 und Nachweise Fn. 18.

[21] *Maunz*, Deutsches Staatsrecht, 1951; *Giese*, Grundgesetz für die Bundesrepublik Deutschland vom 23. Mai 1949, 1949.

[22] So auch *Stolleis*, Verwaltungsrechtswissenschaft (Fn. 2), S. 236: Mit der Entstehung des GG rückte das Staatsrecht nach vorn.

[23] Dazu auch mit Blick auf die Entstehungsgeschichte der objektiven Dimension der Grundrechte, ihre Verortung in der Zeit, *Wahl*, Die objektive Dimension (Fn. 3), § 19 Rn. 14 ff.

[24] In Weimar wurde die Grundrechtsbindung der Gesetzgebung in der Staatspraxis nicht anerkannt. Natürlich gab es eine lebhafte theoretische Diskussion, dazu neuerdings *Dreier*, Die Zwischenkriegszeit, in: Merten/Papier, Handbuch (Fn. 3), § 4 sowie *Gusy*, Die Grundrechte in der Weimarer Republik, ZNR (Zeitschrift für neuere Rechtsgeschichte) 15 (1993), S. 163 ff. Aber diese Diskussion war insgesamt nicht so prinzipiell, wie es die neue Lehre auf der Basis von Art. 1 III GG werden konnte.

Entwicklungssprung, nämlich die präzedenzlose Entfaltung und Vertiefung des Grundsatzes der Verhältnismäßigkeit auf der Gesetzesebene, läßt sich mit einer ähnlichen Formel beschreiben und begreifen. Der Siegeszug des Verhältnismäßigkeitsprinzips bedeutet eine Entwicklung: „Vom Vorbehalt des Gesetzes zum Vorbehalt des verhältnismäßigen Gesetzes". Zur Steigerung des Verfassungsrechts trugen weiter die ausdehnende Grundrechtsdiskussion maßgebend bei, die die Rolle der Grundrechte immens steigerte[25] und die Interpretation der Grundrechte als Ausdruck einer Wertordnung (später als objektive Dimension der Grundrechte anerkannt). Und über allem ist der Siegeszug der Verfassungsgerichtsbarkeit und ihrer das Verfassungsrecht anreichernden Auslegungstätigkeit unverkennbar.[26]

2. Die Gründungsphase einer Nach-Diktatur-Gesellschaft

Aber nicht nur in der Staatsrechtswissenschaft und der Staatsrechtstheorie kann man die Versuche der Aneignung des „Neuen am Grundgesetz" studieren und beobachten, auch in der Rechtspraxis, also in der Gesetzgebung und natürlich in der Rechtsprechung zeigen sich die Herausforderungen der neuen Epoche und dies aus einem besonderen Grund: Es ist das Kennzeichen von Rechtsordnungen nach einer überwundenen Diktatur,[27] daß sie eine ausgeprägte sichtbare Gründungsphase (oder eine Neugründungsphase) haben.[28] Natürlich gibt es weder in der Politik noch im Rechtsleben eine wirkliche Stunde Null oder eine rechtspolitische tabula rasa. Zu verzeichnen ist statt dessen eine komplexe Ausgangslage und Gemengelage aus Neuem und Anknüpfen an die aktuellen Zeitströmungen einerseits und an Bewährtem aus der Vor-Diktaturzeit andererseits. Nach 1945 stellte sich der neuen deutschen Rechtsordnung die Aufgabe: Rückkehr zum Rechtsstaat und damit auch die Pflichtaufgabe, das 1945 überkommene freiheitswidrige und in hohem Maß interventionistische Öffentliche Recht aus der NS-Zeit[29] abzu-

---

Vor allem hat die Weimarer Diskussion die Staatspraxis nicht determinieren können. Mangels umfassender Verfassungsgerichtsbarkeit fehlte auch der wichtige Schrittmacher, den die Entwicklung nach 1949/51 bekam.

[25] Dazu unten III 2 (2).

[26] Zum Neuen am Grundgesetz *Wahl*, Elemente der Verfassungsstaatlichkeit, JuS 2001, 1041, 1042 f.; *ders.*, Zwei Phasen des Öffentlichen Rechts (Fn. 3), S. 414 ff.

[27] Reichhaltiges Material würden Analysen über Spanien, Portugal, Griechenland und den Transformationsstaaten, jeweils nach Ende der Diktaturen erbringen.

[28] Für *Henne/Riedlinger* (Fn. 5), S. 1 endet mit der Lüth- und der Apotheken-Entscheidung die „erste Phase der Grundrechtsjudikatur des Karlsruher Gerichts".

[29] Kurze Bemerkungen zu diesem Recht der *Lenkung* der Wirtschaft *Huber*, Wirtschaftsverwaltungsrecht Bd. 1, 1953, S. 650: Zwischen 1933 und 1945 wurde das bisherige Regelverhältnis von Gewerbefreiheit zu Überwachungsvorbehalten umgekehrt. „§ 1 RGewO wurde zwar nicht formell beseitigt; doch wurde er materiell durch wirtschaftsbeschränkende Normen in einem solchen Maße ausgehöhlt, daß er seinen früheren Sinn verlor. Regelfall war nun der Grundsatz der gebundenen, d.h. der von Zulassungs- und

schaffen und zu ersetzen.[30] Die negative Dimension der Erneuerungsaufgabe kann man als – gewaltige – Abräumarbeit bezeichnen. Zu bewältigen war die grundlegende Transformation des Vorkriegs- und Kriegsrechts des NS-Regimes in ein den neuen Freiheits- und Ordnungsvorstellungen entsprechendes Öffentliches Recht. Wegzuräumen waren dessen Repressionsgesetze, dann auch die umfassenden Regulierungen, seine weiten Ermächtigungen, seine vagen und unbestimmten Tatbestände und seine kaum begrenzten Ermessensermächtigungen sowie seine Negierung von Ansprüchen des einzelnen.[31]

Es war schon angedeutet: Natürlich zielte die zitierte Abräum- und Aufräumarbeit nach 1945 nicht bloß auf eine Rückkehr zum status quo ante, also zum Zustand des Gesetzesrechts und seiner Interpretation Anfang der 30er Jahre. Dort gab es zwar, etwa in der Verwaltungsrechtswissenschaft in den Werken von *Fritz Fleiner* und *Walter Jellinek* viel Bewährtes und Vorbildliches. Die Rückanknüpfung zielte aber viel weiter zurück, nämlich zu den älteren Traditionen des deutschen Rechtsdenkens. Der entschiedene Wille zum Gegenprogramm zur NS-Zeit (und manchen Tendenzen der Weimarer Lehre) konnte nur deshalb so stark Wurzel fassen, weil er an eine breite frühere – deutsche und alteuropäische – Tradition der Verrechtlichung anknüpfen konnte. Die politische Entwicklung in Deutschland, die insgesamt stark von den Regierenden her bestimmt war, hat dem Recht eine besondere, auch kompensatorische Rolle zugewiesen. Wenn die Untertanen, die erst spät zum Bürger wurden, schon nicht die entscheidende politische Macht erringen konnten, dann wollten sie wenigstens ihre Eigensphäre der Freiheit und des Eigentums gegen willkürliche und unvorhersehbare Eingriffe von oben abgeschirmt sehen, durch rechtsstaatliches Recht und rechtsstaatlich wirkende Gerichtsbarkeit. Der gleich näher zu schildernde neue Hauptgedanke, die Subjektstellung des einzelnen im Recht und das Ernstnehmen der Rechtssubjektivität, ist so auch eine Wiederaufnahme und Bekräftigung eines langen Entwicklungsstranges des deutschen Rechtsdenkens, der weit in die Aufklärung und das Vernunftrecht und die deutsche Betonung der Rechtstaatlichkeit zurückgeht.

Kontrollvorschriften eingeengten privaten Wirtschaftstätigkeit …" – Ein Konzessionssystem wurde geschaffen etwa für Einzelhandelsgeschäfte, für Versandgeschäfte, Tankstellen, für den Güterfernverkehr, die Personenbeförderung, alle Kreditinstitute sowie für den gesamten „Nährstand". – *Rittner*, Wirtschaftsrecht, 2. Aufl. 1987, S. 5 Fn. 8, 3. Aufl. 2004 erwähnt schon für Ende 1933/Anfang 1934 Errichtungs- und Erweiterungsverbote für die Herstellung von Glühlampen bzw. Wäscheknöpfe.

[30] Diese Aufgabe mit den beiden Dimensionen wurden zunächst von den Alliierten vorbereitet und angetrieben, dann im Maße der Wiedererlangung deutscher Teil-Befugnisse von den deutschen Institutionen übernommen.

[31] Das Bild von der Abräumarbeit und die Analyse des Textes beziehen sich auf das positive Recht und seine Inhalte. Auf einer anderen Ebene der Betrachtung interessiert sich die Wissenschaftsgeschichte für das Verhalten der Wissenschaftler und ihrer Organisationen nach 1945, dazu *Stolleis*, Verwaltungsrechtswissenschaft (Fn. 2), S. 227 ff.

Die Situation nach einer Diktatur[32] ist schon objektiv eine Zäsur, sie wird subjektiv noch viel mehr als solche verstanden. Die Zäsur und das Bewußtsein von ihr werfen die Frage nach der neuen Grundlage unüberhörbar auf. Nach einer Zäsur muß man sie explizit benennen.[33] Daß die materialen Grundlagen des Verfassungsrechts, die Menschenwürde und die in den Grundrechten auffindbaren Werte so herausgehoben und betont wurden, ist eigentlich selbstverständlich, jedenfalls nicht verwunderlich. Aber dies in der Situation Nahegelegte wurde in den Jahren nach 1945/49 so gründlich und grundsätzlich ausgeführt, daß es im Gesamtergebnis zu einer veritablen Neugründung des Öffentlichen Rechts kam, über deren Ausmaß und Grundsätzlichkeit man auch heute noch im Rückblick nur staunen kann. Im Ergebnis erhielt das Öffentliche Recht nach 1949 einen spezifischen Entwicklungsschub; es kam zu einer grundsätzlichen Neu-Fundamentierung des Öffentlichen Rechts (unter Anverwandlung älterer Traditionen).

3. Das Menschenbild der Rechtssubjektivität

Der Neubau stand im Zeichen der neuen Verfassung und deren materialen Grundlagen.[34] Der Hauptgedankengang dieser Neubegründung läßt sich unschwer rekonstruieren. Am Anfang stand das neue Menschenbild des GG, das ein völlig gewandeltes Grundverhältnis des einzelnen zum Staat ausdrückte und ausdrücken wollte. Nach der Verachtung des einzelnen und seiner totalen Einbindung in die (Volks)Gemeinschaft konnte das Neue nur in der prinzipiellen Anerkennung des einzelnen als Rechtssubjekt bestehen. Bekanntlich ist die Formel vom „Menschenbild des Grundgesetzes" in den 50er Jahren ein häufig verwendeter Topos des Bundesverfassungsgerichts seit dem Investitionshilfe-Urteil des Jahres 1954.[35] So bekannt diese Entscheidung

---

[32] Vgl. Fn. 27.

[33] Dazu hier nur *Stolleis*, Verwaltungsrechtswissenschaft (Fn. 2), S. 237 ff. zu den weniger starken kulturprotestantischen und den stärkeren katholischen Naturrechtsvorstellungen. Außerdem *Badura*, Grundrechte als Ordnung für Staat und Gesellschaft, in: Merten/Papier (Hrsg.), Handbuch (Fn. 3), § 20 Rn. 3: Überwindung des staatsrechtlichen Positivismus durch die materielle „Umbildung" des Verfassungsgesetzes und die Neubegründung der staatslegitimierenden und gesellschaftsgestaltenden Funktion der Grundrechte.

[34] Das Neue am Grundgesetz, dazu auch *Wahl*, Verfassungsstaatlichkeit (Fn. 26), S. 1041; und *ders./Rottmann*, Die Bedeutung der Verfassung und der Verfassungsgerichtsbarkeit in der Bundesrepublik – im Vergleich zum 19. Jahrhundert und zu Weimar, in: Conze/Lepsius (Hrsg.), Sozialgeschichte der Bundesrepublik Deutschland. Beiträge zum Kontinuitätsproblem, 1983, S. 339.

[35] BVerfGE 4, 7, 11. Der aufschlußreiche Sachverhalt ist der folgende: Um Ungleichgewichte in der wirtschaftlichen Entwicklung zwischen verschiedenen Sektoren zu vermeiden, mußte die gewerbliche Wirtschaft einen höheren Betrag zugunsten des vordinglichen Investitionsbedarfs des Kohlebergbaus, der eisenschaffenden Industrie und der Energiewirtschaft aufbringen. Die Beschwerdeführer rügten eine Verletzung von Art. 2 I GG weil das Gesetz sie in ihrer freien Unternehmerinitiative beschränke.

ist, so wenig ist bewußt, daß diese Formel nicht die einzige Variante des Denkens in einem rechtlichen Menschenbild ist,[36] ja sie ist nicht einmal die wichtigere. 1954 ging es dem Bundesverfassungsgericht in jener Entscheidung um die Begrenzung des „autonomen Individuums" durch das Wohl der Gemeinschaft. Dem Entfaltungswillen einzelner Unternehmen wurde deren Gemeinschaftsgebundenheit entgegengesetzt und Einschränkungen ihrer Freiheit gerechtfertigt.[37] Vor diesem Gedanken der Freiheitsbegrenzung liegt aber logisch und auch in der realen Entwicklung etwas anderes, nämlich die Anerkennung der grundsätzlichen Freiheit und Autonomie der einzelnen. Auch dies und gerade auch dies geschah im Zeichen des neuen Menschenbildes, nämlich in seiner primären Fassung, in der es das Grundverhältnis des einzelnen zum Staat auf den – neuen – Begriff gebracht hat. Insofern stand „das Menschenbild des GG" für die Basisaussage, daß der einzelne nicht länger Objekt des Staates und nicht länger nur Glied des Ganzen (und diesem nahezu völlig ein- und untergeordnet) ist. Stattdessen ist der einzelne der Anfang allen politischen Denkens und Konstruierens. Er ist durchgehend und grundsätzlich Subjekt, er ist überall im Recht Rechtssubjekt.[38] Dieser Grundgedanke steht natürlich in einer jahrhundertelangen alten Tradition von Vernunftrecht und Aufklärung. Im Kontext der Zeit nach 1949 zündete die Botschaft dieser Aussage, so als wäre sie erst jetzt entdeckt worden. Der Zeitgeist, der hier buchstäblich der Geist der Zeit war, brachte die abstrakte Grundidee in die auch alltagssprachlich wirkkräftige Form: „Der einzelne ist nicht um des Staats willen, sondern der Staat ist um der einzelnen willen da": Die Eingangsformel des Herrenchiemseer Entwurfs[39] wirkte auch, ohne daß

---

[36] Zur allgemeinen Diskussion über das Menschenbild im Recht *Häberle*, Das Menschenbild im Verfassungsstaat, 1. Aufl. 1988, 2. Aufl. 2001; *Böckenförde*, Vom Wandel des Menschenbilds im Recht, 2001.

[37] Zu dieser Variante der Menschenbild-Rechtsprechung des BVerfG, die den Sozialbezug des einzelnen betont *Becker*, Das „Menschenbild des Grundgesetzes" in der Rechtsprechung des Bundesverfassungsgerichts, 1996; Nachweise der Rechtsprechung des Bundesverfassungsgerichts und anderer (Höchst)Gerichte, S. 17 f.

[38] Die andere davorliegende und grundsätzlichere Variante ist in der Literatur weniger aufbereitet; dazu *T. Schmidt*, Die Subjektivierung des Verwaltungsrechts dargestellt anhand der Entwicklung der Ermessensansprüche innerhalb der ersten zwei Nachkriegsjahrzehnte, 2006; s. auch *Becker* (Fn. 37), S. 34 unter dem Obertitel des „Selbstand der Person"; *Böckenförde* (Fn. 36), S. 24 ff.

[39] Herrenchiemsee-Konvent: Art. 1 (1) Der Staat ist um des Menschen willen da, nicht der Mensch um des Staates willen. (2) Die Würde der menschlichen Persönlichkeit ist unantastbar. Die öffentliche Gewalt ist in allen ihren Erscheinungsformen verpflichtet, die Menschenwürde zu achten und zu schützen". In der Dokumentation des Konvents ist der Eingangsartikel recht spröde behandelt. Auch bei *Matz*, in: von Doemming/Füsslein/ders., Entstehungsgeschichte der Artikel des Grundgesetzes, JöR N.F. Bd. 1, S. 45, heißt es auch nur: „Der Herrenchiemseer Konvent stellte an die Spitze seines Grundrechtskatalogs den Gedanken, daß der Staat dem Menschen zu dienen hat (Art. 1 Abs. 1) und daß die Würde des Menschen überall zu wahren ist (Art. 1 Abs. 2)." Dieser Bestand an Themen ist vom Parlamentarischen Rat im wesentlichen

sie verbindlich geworden war; sie traf den Nerv der Zeit und sie wurde in ihrem Leitcharakter verstanden. Selten hat ein nicht-verbindlich gewordener Text so viel Wirkung und Ausstrahlung gehabt. Der Geist der Formel ist auch im Grundgesetz, nicht zuletzt in der Vorrangstellung der Grundrechte, wirksam geworden.[40]

Der einfach klingende Grundgedanke von der Subjektqualität rollte nun sozusagen das gesamte überkommene Öffentliche Recht auf. Als Subjekt ist der einzelne in allen Beziehungen Rechtssubjekt. Als solches muß er im Zweifel Ansprüche haben, weil er nicht vom Ermessen oder einer ungebändigten Entscheidungsfreiheit der Verwaltung (oder von deren Willkür) abhängig sein darf. Das *Menschenbild der Rechtssubjektivität*, zunächst noch nicht die Grundrechte, hat die Schneise in das alte Recht hineingeschlagen. Dieses Menschenbild ist – es überrascht immer wieder beim Nachlesen – von einer verblüffenden Einfachheit und einer pathetischen Schlichtheit. Vielleicht sollte sich man gerade darüber nicht verwundern. Denn diese Einfachheit und das treffende Pathos gaben diesem Denken seine Schlagkraft und Überzeugungskraft. Das Menschenbild sowie seine rechtsdogmatische Umformulierung in die Subjektstellung des einzelnen und die daraus abgeleitete grundsätzliche Subjektivierung der öffentlich-rechtlichen Rechtsordnung krempelte das überkommene Öffentliche Recht um und gaben ihm eine neue bis heute tragfähige Grundlage.[41] Diese Basis gab der weiteren Entwicklung eine andauernde Kraft

---

übernommen worden. Der Leitgedanke des Herrenchiemseer Grundrechtskatalogs, daß der Staat dem Menschen zu dienen hat, wurde vom Abgeordneten Dr. Süsterhenn (CDU) in der zweiten Plenarsitzung vertreten, doch wandte sich der Abgeordnete Dr. Heuß (FDP) in der dritten Plenarsitzung dagegen, daß man eine negative Deklaration an den Anfang stelle. „Wir dürfen nicht damit beginnen, die innere Würde des Staates zu kränken." Zum ganzen *Kunze,* Reconsidered: „Der Mensch ist nicht für den Staat, sondern der Staat für den Menschen da". Der Parlamentarische Rat und die Entstehung des Grundgesetzes, Der Staat 40 (2001), S. 383, 393 ff. und ausführlich zur Entstehungsgeschichte, *Stern/Sachs,* Das Staatsrecht der Bundesrepublik Deutschland, Bd. III/1, 1988, § 61 II 3c, S. 190–192.

[40] *von Doemming/Füsslein/Matz* (Fn. 39), S. 47: „Daß der Grundrechtskatalog den ersten Teil des Grundgesetzes bildet, begründete der Vorsitzende des Hauptausschusses, Abgeordneter Dr. Schmid (SPD), in einem Generalbericht in der zweiten Lesung im Plenum (9. Sitzung vom 6. Mai 1949) mit folgenden Worten: Das GG selbst beginnt mit dem Abschnitt über die Grundrechte. Diese Grundrechte wurden im Gegensatz zur Weimarer Verfassung an den Anfang des ganzen gestellt, weil klar zum Ausdruck kommen sollte, daß die Rechte, deren der einzelne Mensch bedarf, wenn anders er in Würde und Selbstachtung so leben können, die Verfassungswirklichkeit bestimmen müssen. Letztlich ist der Staat dazu da, die Ordnung zu schaffen, deren die Menschen zu einem auf Freiheit des Einzelnen beruhenden Zusammenleben bedürfen. Aus diesem Auftrag allein stammt letztlich die Legitimität seiner Machtausübung."

[41] *Ossenbühl,* 40 Jahre Bundesverwaltungsgericht, DVBl. 1993, S. 753, 756 hält die nach 1949 vollzogene Subjektivierung für die „kopernikanische Wende" im Verwaltungsrechtssystem. Von einem „kopernikanischen Perspektivenwechsel" wegen der Europäisierung spricht schon *von Danwitz,* Verwaltungsrechtliches System und europäische Integration, 1996, S. 1; siehe auch *Wahl,* Zwei Phasen des Öffentlichen Rechts (Fn. 3),

zur Verrechtlichung und zum Denken vom umfassenden Rechtsschutz her.[42] Diese Grundlagen treiben das deutsche Recht heute noch zur immer noch wachsenden Verrechtlichung an. Zu Recht ist in diesem Zusammenhang immer wieder von der *kopernikanischen Wende* die Rede, die das Öffentliche Recht nach 1949 erfahren hat.[43]

4. Folgen der fundamentalen Subjektivierung des Rechts

Der vom Menschenbild angetriebene Wandel hat das gesamte Öffentliche Recht erfaßt, damit werden sich unten die Abschnitte III. und IV. ausführlich beschäftigen. Hier wird im Vorgriff das vorweggenommen, was zum Verständnis der Gründungsphase notwendig ist. In den ersten Jahren nach 1949 fand diese Umpolung in einer Reihe von öffentlichrechtlichen Grundfiguren Ausdruck,
– so bei der Ableitung eines *Anspruchs* auf Fürsorge aus Art. 1 GG;[44] wir sprechen heute in der Konsequenz dieser Entscheidung von einem Anspruch auf Sozialhilfe
– und besonders stark in der *Lehre vom subjektiv-öffentlichen Recht*[45]: Vorangetrieben wurde die bald sichtbare Expansion des subjektiven-öffentlichen Rechts in einer Art Zangenbewegung sowohl durch den materialen Gedanken der Subjektivierung wie durch die Garantie des lückenlosen Rechtsschutzes. Diese beiden Grundgedanken sind zwei Seiten einer Medaille. Sie sichern den Grundgedanken, daß der einzelne Subjekt, Rechtssubjekt ist, ab: Nur wer tatsächlich Rechte hat und – höchstes Kriterium der Selbständigkeit – diese Rechte eigenständig vor einem Gericht geltend machen und durchsetzen kann, ist ein Sub-

---

S. 423: „Es ist dies eine Entwicklung, die mit guten Gründen als kopernikanische Wende bezeichnet werden kann, wenn die Geltung und die Interpretation von Rechtsregeln nicht mehr allein aus dem eigenen nationalen Recht, also aus der Binnensicht, abgeleitet werden können, sondern dazu häufig andere Rechtsordnungen maßgeblich sind."

[42] Zur systemprägenden Bedeutung der Subjektivierung des Verwaltungsrechts *Ossenbühl* (Fn. 41); *ders.*, Die Weiterentwicklung der Verwaltungswissenschaft, in: Deutsche Verwaltungsgeschichte Bd. 5, 1987, 1146. Die individualrechtliche Ausrichtung des Öffentlichen Rechts und deren grundsätzliche materiale Bedeutung hebt *Schmidt-Aßmann*, Das allgemeine Verwaltungsrecht als Ordnungsidee, 2. Aufl. 2004, S. 15 ff., auch 13 f. hervor; *Di Fabio,* Risikoentscheidungen im Rechtsstaat: Zum Wandel der Dogmatik im Öffentlichen Recht, insb. im Arzneimittelrecht, 1994, S. 16 ff.

[43] *Wahl,* Zwei Phasen des Öffentlichen Rechts (Fn. 3), S. 423. Mit der „Ehrenformel" kopernikanische Wende (vgl. Fn. 41) kann man, wie hier, die ganze Neubegründung benennen oder auch einzelne Elemente, wie eben die Subjektivierung der Rechtsordnung, die Expansion der Grundrechte oder die Entdeckung und das Wachstum des Grundsatzes der Verhältnismäßigkeit.

[44] Weil der einzelne, auch in seiner Rolle als Bedürftiger, nicht nur Objekt sein dürfe, BVerwGE 1, 159; dazu unten im Text II 6.

[45] Die Voraussetzungen für seine Anerkennung reduzierten sich erheblich gegenüber der alten Bühlerschen Lehre auf die eine Anforderung des Schutzcharakters der Norm zugunsten bestimmter einzelner.

jekt, eine originäre Größe im Rechtsleben und gegenüber dem Staat.
- Diese beiden Grundentscheidungen waren auch wirksam und ursächlich für
die Ausbildung der *hohen Kontrolldichte der Verwaltungsgerichte*, die für das
deutsche Recht bis heute charakteristisch ist. Deren wichtigste dogmatische
Basis ist die Doktrin von der einzig richtigen Interpretation bei unbestimmten Rechtsbegriffen, die den Gerichten vorbehalten ist. Diese Basis würde
ich als brüchig bezeichnen, aber darauf soll es jetzt bei der Nachzeichnung
der Entwicklung und ihrer immanenten Einflußfaktoren nicht ankommen.
- Als größten Triumph für die Subjektivierung des Verwaltungsrechts kann
man das Eindringen dieses Gedankens in das Allerheiligste des bisherigen
Verwaltungsrechts, in die *Ermessenslehre*, bezeichnen. Wo bisher die Verwaltung die Wahlfreiheit zwischen verschiedenen Alternativen hatte und
der einzelne – so die damalige Auffassung – natürlich keine Rechte haben
konnte, genau dort wird mit dem formellen subjektiven Recht auf fehlerfreie
Ermessensausübung eine entscheidende Bresche ins bisherige Verständnis
geschlagen. Das deutsche Öffentliche Recht hat eine folgenreiche *Phobie
gegen Gestaltungsspielräume* der Verwaltung ausgebildet.[46] Anschaulicher
und handfester kann der Wandel nicht sein. Übertroffen wurde dies allein
noch durch die Anerkennung eines Rechts auf polizeiliches Einschreiten.[47]
Diese Entwicklung kann man nur richtig würdigen, wenn man sie vor dem
Hintergrund des ganz anderen Verständnisses in anderen Rechtsordnungen
sieht. Dann wird deutlich, daß das deutsche Grundverständnis über das
Ermessen und Gestaltungsspielräume der Verwaltung alles andere als die
einzig richtige Lehre formuliert, sondern daß sie eine auffallende Besonderheit des deutschen Öffentlichen Rechts ist.

5. Die grundsätzlichen Veränderungen
am Exempel des Verbots mit Erlaubnisvorbehalt

Exemplarisch kann man diesen Transformationsprozeß exemplifizieren am
altehrwürdigen Institut des *Verbots mit Erlaubnisvorbehalt*.[48] Gerade an diesem

---

[46] Das Ermessen, überall ein Hauptgrundsatz des Verwaltungsrechts, ist marginalisiert
geworden; ihm ist sozusagen das Atmen schwer geworden. *Rupp*, Ermessensspielraum und
Rechtsstaatlichkeit, NJW 1969, S. 1273 ff., 1278 a. E. geht von einer verfassungsrechtlich
geforderten durchgehenden Gesetzesgebundenheit der Verwaltung nebst lückenloser
Gerichtskontrolle aus, wobei die ganze Ermessenlehre ein rechtsstaatswidriges Relikt des
19. Jh. sei (so *Bachof*, Die Dogmatik des Verwaltungsrechts vor den Gegenwartsaufgaben
der Verwaltung, VVDStRL 30 (1972), S. 175; dazu den Disput zwischen Bachof und
Rupp, ebd. S. 339 und 195 mit Fn. 8). – Einflußreich wurde die Formulierung von
Huber, Niedergang des Rechts und Krise des Rechtsstaats, in: FS Giacometti, 1953,
S. 59, 66 vom Ermessen als „das trojanische Pferd" eines rechtsstaatlichen Verwaltungsrechts. *Bullinger*, Das Ermessen der öffentlichen Verwaltung, JZ 1984, S. 1001, 1003
kennzeichnet das Ermessen in der Sicht der h. L. als „Fremdkörper im Rechtsstaat".
[47] BVerwGE 11, 95; dazu *Schmidt* (Fn. 38).
[48] Am Ort des Vortrags in Berlin, Hardenbergstraße 31, im früheren Sitzungssaal

Querschnittsinstitut erweist es sich, daß ein neues Verwaltungsrecht entstanden ist, das in einer engen, wechselseitigen Verbindung mit dem Verfassungsrecht steht.[49] Dies zeigte sich zunächst sehr deutlich daran, daß im Genehmigungsrecht[50] die Grundrechtsbindung des Gesetzgebers exemplarisch durchgespielt wurde. Das Genehmigungsrecht ist ein Pionierfeld für die Entfaltung dieses Grundgedankens, wobei die Entfaltung noch zusätzliche Überraschungen für die Staats- und Verwaltungspraxis brachte. Die Verwaltungspraxis mußte lernen, daß es nicht mehr das letzte Wort ist, wenn bestimmte Regelungen (wie etwa die Bedürfnisprüfung) in einem Gesetz stehen, da dieses auch verfassungswidrig sein könnte. Genauso hängt ein Zulassungsanspruch eines Berufsbewerbers nicht mehr nur vom Gesetzeswortlaut und einer darin enthaltenen Kann-Bestimmung ab, sondern von der verfassungsrechtlichen „Vorfrage" über die Zulässigkeit von Ermessen im Schutzbereich von Art. 12 GG.[51] Ebenso mußte der Gesetzgeber lernen, daß er nicht einfach Bedürfnisklauseln, objektive oder subjektive Schranken vorsehen kann. Nicht umsonst spielen viele der weichenstellenden Entscheidungen zur Grundrechtsbindung des Gesetzgebers im Feld der Berufszulassungen, des Gewerberechts, der hoheitlichen Kontrolle.

Im Gefolge der Grundrechtsbindung wurden im weiteren auch die verwaltungsrechtlichen Institute, an erster Stelle das präventive und repressive Verbot „geschärft". Sie erhielten ihre eigentliche Kontur erst, als die einfachgesetzliche Anordnung einer Genehmigung nicht mehr rechtlich für sich

---

des Bundesverwaltungsgerichts, sind wichtige Beiträge zu dieser Entwicklung geleistet worden.

[49] Wiewohl in vielerlei Hinsicht dogmatische Vorstellungen des Weimarer Öffentlichen Rechts, etwa das Verwaltungsrecht eines *Walter Jellinek* oder *Fritz Fleiners* wiederbelebt und fortgeführt wurden, entstand doch etwas Neues, weil diese Figuren auf eine neue Basis gestellt wurden; zur Weimarer Verwaltungsrechtslehre *Stolleis,* Verwaltungsrechtswissenschaft und Verwaltungslehre in der Weimarer Republik, in: Jeserich/Pohl/von Unruh (Hrsg.), Deutsche Verwaltungsgeschichte, Bd. 4, 1985, S. 77, 85 ff., 89; *ders.;* Geschichte (Fn. 2), Bd. 3, S. 234–241. Aus dem Geist der (verstärkten und) gründlich neu interpretierten Grundrechte entstand etwas Neues. Ich charakterisiere es als eine eigene Gestalt eines rechtsstaatlichen und zugleich grundrechtlich fundierten Verwaltungsrechts. Für seine Kennzeichnung hat sich rasch die Formel vom Verwaltungsrecht als konkretisiertem Verfassungsrecht eingebürgert. Was in den 50er Jahren entstand, hat in andern Rechtsordnungen keine Parallele.

[50] Zur Konzeption des Genehmigungsrechts *Wahl,* Das deutsche Genehmigungs- und Umweltrecht unter Anpassungsdruck, in: FS GfU (Gesellschaft für Umweltrecht), 2001, 237 ff.

[51] Neben der etwas anders gelagerten „Fürsorgeentscheidung" (BVerwGE 1, 159) BVerwGE 1, 321 (Anerkennung von Verbänden im Kleinpachtrecht), BVerwGE 2, 349 (Bestellung zum öffentlichen Vermessungsingenieur), BVerwGE 3, 121 (Rechtsanspruch auf Mieterabsetzung) und 3, 288 (Rechtsanspruch auf Erziehungsbeihilfe aus Versorgungsrecht), dazu *Bachof,* Verfassungsrecht, Verwaltungsrecht, Verfahrensrecht in der Rechtsprechung des Bundesverwaltungsgerichts, 1963, S. 8 f. (ergänzter Abdruck der Rechtsprechungsberichte aus der JZ 1957, S. 1962/63).

selbst stand, sondern unter die Direktiven der Grundrechte geriet. Darf denn das Gesetz überhaupt ein repressives Verbot anordnen, wenn das mildere den Effekt auch hat? Wie ist es mit dem Ermessen beim repressiven Verbot oder beim präventiven Verbot? Und generell schraubte das neue Öffentliche Recht das Niveau der Regulierung – im Einklang mit der aktuellen liberalen Gesellschafts- und Wirtschaftspolitik – gehörig herunter.[52] Zudem wurden rechtsstaatliche Anforderungen an die Bestimmtheit der Regelungen (gegen die weitgehende Schrankenlosigkeit der bisherigen Gesetzesbestimmungen) durchgesetzt.

6. Die bedeutsame Rolle der Rechtsprechung

Schrittmacher dieses Transformations- und Neugründungsprozesses war neben der Literatur insbesondere die *Rechtsprechung*.[53] Dabei darf der hohe Anteil der Verwaltungsgerichtsbarkeit in allen ihren Instanzen nicht unterschätzt werden, waren es doch die Verwaltungsgerichte, die beim umfangreichen vorkonstitutionellen Recht zur Nichtigerklärung, etwa von Bedürfnisklauseln, berufen waren. Zum krönenden, aber inhaltlich doch schon weitgehend vorgeprägten Abschluß im Apotheken-Urteil war das BVerfG allein deshalb zuständig, weil das entsprechende bayerische Gesetz erst nach 1949 ergangen war. Eine Analyse der ersten Bände der Entscheidungen des Bundesverwaltungsgerichts zeigt, wie die Rechtsprechung diesen grundsätzlichen Wandlungsprozeß angegangen ist.[54] Es ist das *Zäsurbewußtsein*, das die Rechtsprechung knapp, entschieden und grundsätzlich argumentieren läßt. Dies ist das Umfeld für die Entschiedenheit und Grundsätzlichkeit dieser klassisch anmutenden Urteile.

Das bekannte und vielleicht berühmteste frühe Urteil des Bundesverwaltungsgerichts von 24. Juni 1954 (BVerwGE 1, 159) hat in spektakulärer Weise das überkommene Fürsorgerecht und im Ergebnis die einschlägigen Verpflichtungen der Verwaltung (zur Gewährung von Hilfe) so uminterpretiert, daß sie dem einzelnen einen Anspruch gewähren. Das Ergebnis, einen Anspruch in der Leistungsverwaltung zu kreieren, hat keine Nachfolge gefunden, aber

---

[52] Die geistigen Grundlagen des neuen Rechts trafen sich mit den generellen Leitlinien der Gesellschaftspolitik, auch mit der Sozialen Marktwirtschaft Erhards. Was die Politik im Großen proklamierte, aber in manchen Gesetzesvorhaben nicht wahrhaben wollte (dem unliberalen Apothekenrecht zum Beispiel), spann die Rechtsprechung „im kleinen" weiter.

[53] Otto Bachof, der Meister der Rechtsprechungsberichte, hat eine Literaturgattung begründet, die in dieser Weise leider keine Nachfolge gefunden hat. *Bachof,* Verfassungsrecht (Fn. 51).

[54] Dazu jetzt (im Hinblick auf das Verständnis des Verwaltungsrecht) *Schönberger,* „Verwaltungsrecht als konkretisiertes Verfassungsrecht". Die Entstehung eines grundgesetzabhängigen Verwaltungsrechts in der frühen Bundesrepublik, in: Stolleis (Hrsg.), Das Bonner Grundgesetz – Altes Recht und neue Verfassung in den ersten Jahrzehnten der Bundesrepublik Deutschland (1949–1969), 2006 (im Erscheinen).

die Begründungsmethode war folgenreich:[55] Maßgebend waren entschiedene schlichte Sätze wie:

„Es gibt allgemeine Grundsätze und Leitideen im Verfassungsrecht (Zitat BVerfGE 2, 380)...."

„Eine solche Leitidee ist die Auffassung über das Verhältnis des Menschen zum Staat[56]: Der Einzelne ist zwar der öffentlichen Gewalt unterworfen, aber nicht Untertan, sondern Bürger. Darum darf er in der Regel nicht lediglich Gegenstand staatlichen Handelns sein. Er wird vielmehr als selbständige sittlich verantwortliche Persönlichkeit und deshalb als Träger von Rechten und Pflichten anerkannt. Dies muß auch dann gelten, wenn es um seine Daseinsmöglichkeit geht."

„Die unantastbare, von der staatlichen Gewalt zu schützende Würde des Menschen verbietet es, ihn lediglich als Gegenstand staatlichen Handelns zu betrachten, soweit es sich um die Sicherung des „notwendigen Lebensbedarfs", also seines Daseins überhaupt handelt."

Ein Vehikel für die starke Verrechtlichung ist ein Satz wie

„Im Rechtsstaat (...) sind die Beziehungen des Bürgers zum Staat grundsätzlich solche des Rechts; darum wird auch das Handeln der öffentlichen Gewalt ihm gegenüber der gerichtlichen Nachprüfung unterworfen."

Das Bundesverwaltungsgericht verabschiedete 1954 ausdrücklich den „Untertan"[57]; aber er mußte auch erst noch verabschiedet werden, so selbstverständlich unterblieb der alte Sprachgebrauch nicht.[58]

Einen weiteren dieser sozusagen in Stein gemeißelten Sätze formulierte das Bundesverwaltungsgericht in einem Fall aus dem – auch später wichtig

---

[55] BVerwGE 1, 159, 160. Die Entscheidung läßt das richtige methodische Vorgehen mustergültig hervortreten. Das Gericht referiert zunächst, daß vor 1945 in Schrifttum und Rechtsprechung fast einmütig ein Anspruch auf Fürsorge verneint worden sei. „Diese Ablehnung knüpfte nicht an eine ausdrückliche Bestimmung an, sondern beruhte auf *hergebrachten sozialethischen Vorstellungen*" (Hervorhebung hier). „Das alte preußische Recht war nämlich stillschweigend von dem Grundsatz ausgegangen, daß die damals als Armenpflege bezeichnete Fürsorge dem Bedürftigen lediglich aus Gründen der öffentlichen Ordnung, nicht aber um seiner selbst willen zu gewähren sei". ...und daß er daher nicht Subjekt der behördlichen Verpflichtung, sondern nur Objekt des behördlichen Handelns, Gegenstand der Pflicht sei, welche der Armenbehörde dem Staate gegenüber obliege." Dann kommt der entscheidende Schritt: „Dieser Grundsatz wurde später ohne Prüfung beibehalten, obwohl die wirtschaftlichen und sozialen Verhältnisse und die sozialethischen Wertungen sich gewandelt hatten ... Spätestens seit dem Inkrafttreten des Grundgesetzes ist die frühere Auffassung nicht mehr haltbar."

[56] Auffällig ist, daß dies eine ganz generelle Begründung ist, die eigentlich überall zur Anwendung kommen konnte.

[57] BVerwGE 1, 159, 161.

[58] Betonte Beibehaltung des Begriffs Untertan durch *Krüger*, Allgemeine Staatslehre, 1964, S. 818 ff. (Überschrift: „Staatsgewalt und Untertanengehorsam"), § 38, S. 940 ff." Der Untertan und sein Gehorsam". Krüger sieht den einzelnen in drei Eigenschaften, als Bürger, als Mitglied der Öffentlichkeit und als Untertan. Durch letzteren Begriff wird die Unterwerfung unter den Staat und seine Gewalt ausgedrückt.

gewordenen[59] – Rechtsgebiet des Kleingartenrechts. Es ging um die Anerkennung der Gemeinnützigkeit von Verbänden und Unternehmen bei Vorliegen der Tatbestandsvoraussetzungen, also um eine weitausstrahlende beispielhafte Konstellation[60]:

> „Der Rechtsstaat der Gegenwart offenbart und bewährt sein Wesen gerade auch darin, daß er dem Bürger gegenüber der öffentlichen Gewalt im Zweifel Rechtsansprüche einräumt" (BVerwGE 1, 321, 326 – 1955).

Die Entscheidung verdient über diese Kernpassage hinaus weitere Aufmerksamkeit:

> § 5 Abs. 1 Kleingarten- und Kleinpachtlandordnung von 1919 beseitigte die aus sozialen Gründen mißbilligte Erscheinung der gewerbsmäßigen Zwischenpächter und ersetzt sie durch als gemeinnützig anerkannte Unternehmen zur Förderung des Kleingartenwesens. Das Gericht hatte zu entscheiden, ob es einen Anspruch solcher Unternehmen auf Anerkennung der Gemeinnützigkeit gibt. Die Entscheidung ist ein Musterbeispiel und Vorbild für die verfassungsrechtliche Durchdringung der (überkommenen) Materie. Gleich am Anfang führt das Gericht aus: „Die Parteien haben sich zwar übereinstimmend auf den Boden des § 5 KGO gestellt. Dadurch wird die Prüfung jedoch nicht entbehrlich, ob diese Bestimmung mit dem Grundgesetz vereinbar ist" (S. 322). Es folgen ausführliche verfassungsrechtliche Prüfungen des „scharfen Eingriffs" in die Vertragsfreiheit (324) und dann eine ausführliche, wir würden heute sagen, eine verfassungskonforme Auslegung der Vorschrift, mit genauer Berücksichtigung der Entstehungsgeschichte und der Literatur und der Verwaltungspraxis. Dann kommt die grundsätzliche Passage mit den oben erwähnten Sätzen.

> Im folgenden heißt es: „Eine gesetzliche Regelung, die der Verwaltung ein Handeln nach ihrem freien Ermessen selbst dann gestattet, wenn alle tatbestandsmäßigen Voraussetzungen für ein solches Handeln erfüllt sind, müßte daher den darin gerichteten Willen eindeutig zum Ausdruck bringen. Andernfalls spricht eine Vermutung dafür, daß die Behörde in solchen Fällen gebunden ist". Diese Passage wird dann – und dies ist das Neue und Zukunftsträchtige – sogleich grundrechtlich ergänzt: „Wollte man § 5 Abs. 1 Satz 1 KGO (Kleingarten- und Kleinpachtlandordnung von 1919!) anders auslegen, also den gemeinnützigen Unternehmen zur Förderung des Kleingartenwesens einen Rechtsanspruch auf Anerkennung versagen, dann tauchten jedenfalls gegenwärtig schon im Hinblick auf den gemäß Art. 1 Abs. 3 GG Gesetzgebung, Verwaltung und Rechtsprechung bindenden Gleichheitssatz des Art. 3 GG verfassungsrechtliche Bedenken auf, die wohl nicht zu überwinden wären".

---

[59] BVerfGE 52, 1 – Kleingartenentscheidung

[60] BVerwGE 2, 349 – öffentlich bestellte Vermessungsingenieure; 3, 121 – Rechtsanspruch auf Mieterabsetzung. In der ersten Entscheidung (BVerwGE 2, 351) zeigt sich ausdrücklich das Zäsurbewußtsein: „Eine Berufsordnung, die dem Bewerber trotz Erfüllung aller Voraussetzungen keinen Rechtsanspruch auf Zulassung gewährt, mag den Vorstellungen des damaligen Staatssystems entsprochen haben; sie widerspricht aber den heutigen rechtsstaatlichen Grundsätzen und kann daher, soweit sie jedem Berufsbewerber den Rechtsanspruch auf Zulassung versagt, keine Gültigkeit beanspruchen (Art. 123 GG)."; dieser Gedanke auch im Leitsatz 2.

Grundsätzlich formulierte das Gericht zu dem damals sehr bedeutsamen Preisgesetz von 1948.[61] Seinen zentralen Einwand nannte das Gericht die „Schrankenlosigkeit der dort den Preisbehörden erteilten Ermächtigung".

> „Solche Schrankenlosigkeit einer gesetzlichen Vorschrift, die die Verwaltungsbehör- den zu Eingriffen in die Freiheit des Bürgers ermächtigt, verstößt in mehrfacher Hinsicht gegen das Grundgesetz".[62]

Wer so grundsätzlich und apodiktisch formuliert, muß sich dann zuweilen später korrigieren oder konkretisieren. Bemerkenswerterweise gab es an- schließend einen gemeinsamen Lernprozeß des Bundesverwaltungsgerichts, des Bundesverfassungsgerichts und der Literatur, an der Spitze *Otto Bachof*, dahingehend, daß man gerade im Wirtschaftsrecht offene und weite Begriffe brauche und deshalb die weite Ermächtigung gültig sei.[63] Am Anfang aber stand der Furor gegen die Schrankenlosigkeit, später sah man die Eigenarten der einzelnen Sachbereiche und differenzierte mehr.

Eine Geschichte der „großen" Urteile im Recht der Bundesrepublik steht noch aus. Sie könnte ein detailliertes aufschlußreiches Bild der komplexen Prozesse der Auslegung, der Formung und Konzentration von Auslegungser- gebnisses zu dogmatischen Figuren und Grundsätzen und vor allem auch den großen Anteil der Rechtsfortbildung und des Richterrechts in dem sich selbst so sehr als Kodifikationsrechtsordnung verstehenden deutschen Rechts zeigen.[64]

7. Die unterschiedlichen Rollen der Verfassung in der Gründungsphase und danach

Der Blick auf die Gründungszeit legt eine Einsicht über die unterschiedliche Funktion von Verfassungen nahe. Daß eine Verfassung, die eine Zeit der Diktatur beendet und eine neue freiheitlich-demokratische Ordnung auf- richten will, in ihrer Gründungsphase eine gesteigerte Rolle spielt gegenüber dem dann einsetzenden „Alltag" des Verfassungsstaats, liegt nahe. In der Gründungsphase gibt es nicht nur die wichtigen Neuerungen im Recht der Bundesrepublik; es wird nicht nur die Grundlage für die starke Wirkung des Verfassungsrechts in das gesamte Gesetzesrecht hinein gelegt. Die Verfassung selbst hat eine darüber hinausgehende Funktion. Sie hat die Fähigkeit, einen spezifischen Entwicklungspfad zu begründen. Sie ist Bestandteil der politischen

---

[61] Weil es sich um ein vorkonstitutionelles Gesetz handelte, war das Bundesver- waltungsgericht zuständig.

[62] BVerwGE 4, 24, 30 f. (dort die wörtlichen Zitate). Die Entscheidung ist ein großes Urteil und eine Pionierleistung der Rechtsprechung.

[63] BVerwGE 7, 54, 63; BVerfGE 8, 274; und Urteilsanmerkungen von *Weber*, DÖV 1957, S. 33 ff. und *Ule*, DVBl. 1957, S. 177 f.; zum ganzen *Bachof* (Fn. 51), S. 104 f.

[64] Einen Anfang macht der Sammelband von *Menzel* (Hrsg.), Verfassungsrechtspre- chung, 2000, in dem 100 Entscheidungen des BVerfG aufgeführt und kommentiert werden.

Bewegung der ersten Jahre nach einer Diktatur und zum Teil ihr Impulsgeber. In der Zeitgeschichte spricht *Ulrich Herbert* vom Demokratisierungs- und Liberalisierungsprozeß[65] der 50er Jahre. Die selbstverständliche Prämisse dieser These ist, daß man für dieses Jahrzehnt eine dominierende Richtungsangabe feststellen kann. Genau dies ist regelmäßig für die ersten Jahre nach einem Umbruch, nicht mehr jedoch in den darauffolgenden Jahren möglich.[66]

Erinnert man sich an eine der Grundlagendiskussionen des deutschen Verfassungsrechts unter dem Grundgesetz, nämlich an die Kontroverse über die Funktion der Verfassung als Rahmenordnung einerseits, als zu konkretisierende Grundordnung und Grundlegung der ganzen Rechtsordnung,[67] dann wird mit dem Blick auf die Gründungsphase deutlich: Diese Kontroverse spielt für die Gründungsphase jedenfalls keine Rolle. Vielleicht ist die Kontroverse auch gar keine echte Kontroverse, sondern sie bezeichnet unterschiedliche Phasen der Bedeutung einer Verfassung. Am Anfang in der Gründungsphase ist es unbestritten und unübersehbar, daß die Verfassung eine große Impulsfunktion hat, daß sie die gesamte Rechtsordnung verändernd antreibt und die Maßstäbe und die Richtung vorgibt. Natürlich hat die Verfassung auch in den 50er Jahren nicht so gewirkt, daß alles schon in ihr enthalten war und nur noch ausbuchstabiert zu werden brauchte; aber der Direktionsgehalt, die Impulswirkung und die Vorbildfunktion sind deutlich und gesteigert gegenüber dem nach dem Ende der 50er Jahre eintretenden Alltag des dann begründeten und schon gefestigten Verfassungsstaates. Zwar gab es nach 1960 noch wichtige Stationen, z.B. die „Spiegel"-Entscheidung,[68] der Abbau besonderer Gewaltverhältnisse und andere Themen, aber inzwischen konnte die Rechtsordnung nicht länger ausschließlich unter dem Gesichtspunkt verstanden werden, daß das Gesetzesrecht die Verfassung erfüllt, konkretisiert oder ihre Gehalte ausformuliert. Je länger, desto mehr kommt die Verfassung in die Rolle der Rahmenordnung.[69] Vieles spricht dafür, daß die Verfassung

---

[65] Dies sind die These und das Forschungsthema von *Herbert* (Hrsg.), Wandlungsprozesse in Westdeutschland. Belastung, Integration, Liberalisierung 1945–1980, 2002; s. auch *Metzler*, Stabilisierung, Normalisierung, Modernisierung: Die Bundesrepublik in den 1950er Jahren, in: Henne/Riedlinger (Fn. 3), S. 25 ff.

[66] Auch im Falle der Bundesrepublik unterschieden sich, was Eindeutigkeit einer Richtung angeht, die 50er Jahre von den darauffolgenden Jahrzehnten, in denen sich die einzelnen Teilsysteme der Gesellschaft nach ihren eigenen Antriebskräften und keineswegs mehr parallel entwickeln.

[67] *Wahl*, Der Vorrang der Verfassung, Der Staat 20 (1980), S. 485 ff.; *Hesse*, Grundzüge des Verfassungsrechts der Bundesrepublik Deutschland, 20. Aufl., 1999, § 2 III; *Böckenförde*, Die Methoden der Verfassungsinterpretation. Bestandsaufnahme und Kritik, NJW 1976, S. 2089, 2097, 2091 zum Verständnis der Verfassung als Rahmenordnung; *ders.*, Grundrechte als Grundsatznormen, Der Staat 29 (1990), S. 1, 23 f., 30 f.; kritisch dazu *Badura*, Grundrechte als Ordnung (Fn. 33), § 20 Rn. 9 f.

[68] BVerfGE 20, 162.

[69] Daß es in der Entwicklung der Bundesrepublik gleichwohl zu einem Grundlagenstreit über das Verständnis der Verfassung gekommen ist, lag wohl daran, daß sich die unterschiedlichen Meinungen rasch mit dem Schulen-Streit zwischen der

als die Verkörperung der neuen guten Ideen den hauptsächlichen Gang der Rechtsentwicklung geprägt hat. Gesteigert findet sich diese Konstellation in den Anfangsjahren einer nachdiktatorischen Verfassung. Durchhalten läßt sich dieser Impetus von oben und vom Zauber des Anfangs her auf Dauer nicht, wenn nicht eine der wichtigsten Institutionen der neuen Verfassungsordnung, nämlich das Parlament, seine Bedeutung verlieren soll. Aber diese Gefahr ist nicht real, mit dem Abstand von der Gründungzeit tauchen neue Probleme auf – sie werden unten als Herausforderung aus der Sache oder den Sachgebieten bzw. aus dem Einbau in das supranationale Grundverhältnis begriffen – diese neuen Konstellationen und Herausforderungen fordern Lösungen, die zwar auch einen Bezug zur Verfassung haben, die aber nicht mehr in der früheren Weise von ihr maßgeblich primär und anfänglich determiniert sind; es sind Herausforderungen, die *im Rahmen* der Verfassung zu lösen sind.

II. Strukturmerkmale des Öffentlichen Rechts in der ersten Phase der Rechtsentwicklung

1. Grundlegende Eigenarten des deutschen Rechts im Überblick

Die Gründungsphase des ersten Jahrzehnts nach 1949 verdient ihren Namen, weil sie eine tragfähige und fortwirkende Grundlegung des neuen Öffentlichen Rechts, das immer zugleich Verfassungs- wie Verwaltungsrecht ist, erbracht hat.[70] Seine Strukturelemente seien hier vor dem Übergang zu den aufgabenbezogenen Fortentwicklungen des Rechts in einem Überblick zusammengefaßt.

(1) An der Spitze des Neuen stehen der Vorrang der Verfassung und die daraus in Deutschland folgende *Verfassungsabhängigkeit des Gesetzesrechts*. Im Verwaltungsrecht hat sie sich in der bekannten Formel vom Verwaltungsrecht als konkretisiertes Verfassungsrecht niedergeschlagen[71] – eine Formel, für die man in anderen Ländern keine Parallele finden dürfte. Die große Nähe

---

Carl Schmitt- und der Rudolf Smend-Schule verband; mehr als einmal diente die Stellungnahme zur Funktion der Verfassung der Demonstration der Zugehörigkeit zu einer der Gruppierungen. Dieser Gegensatz tritt in der wissenschaftler-bezogenen Wissenschaftsgeschichte des Öffentlichen Rechts besonders stark hervor, dazu insb. *Stolleis*, Die Staatsrechtslehre der 50er Jahre, in: Henne/Riedlinger (Fn. 3), S. 295, 297 f. Zum Schulenstreit ausführlich *Günther*, Denken vom Staat her. Die bundesdeutsche Staatsrechtslehre zwischen Dezision und Integration,1949–1970, 2004; *ders.,* Ein Jahrzehnt der Rückbesinnung. Die bundesdeutsche Staatsrechtslehre zwischen Dezision und Integration in den fünfziger Jahren in: Henne /Riedlinger (Fn. 3), S. 301 ff., dort S. 303 ff. zur Schmitt-Schule, S. 307 ff. zur Smend-Schule.

[70] Dazu schon *Wahl*, Die zweite Phase (Fn. 11), S. 496 f.; *ders.,* Zwei Phasen des Öffentlichen Rechts (Fn. 3), S. 414 ff.

[71] *Werner*, „Verwaltungsrecht als konkretisiertes Verfassungsrecht", DVBl. 1959, S. 527 (= *ders., Recht und Gericht in unserer Zeit*, 1971, S. 212 ff.; siehe auch *Stolleis*, Verwaltungsrechtswissenschaft (Fn. 2), S. 227.

zwischen beiden hat in Wahrheit zu einem *Verfassungs- und Verwaltungsrecht integrierenden Öffentlichen Recht* geführt.[72] Die Dogmatik des geltenden Öffentlichen Rechts erinnert sich des Epochenunterschieds gerne und geradezu in der Form eines Rituals durch die Gegenüberstellung des Diktums von Otto Mayer von 1924 („Verfassungsrecht vergeht, Verwaltungsrecht besteht"[73]) und der Formel von Fritz Werner.

(2) Aus der stürmisch und erfolgreich verlaufenden Geschichte der (Expansion der) Grundrechte[74] sei hier nur der Höhepunkt erwähnt: Mit der Entdeckung der *objektiv-rechtlichen Dimension der Grundrechte* im Lüth-Urteil[75] erhielt das gesamte deutsche Recht sein dauerhaftes verfassungsrechtliches Fundament. Sie führte und führt auch heute noch zur Durchdringung des sog. einfachen Gesetzes-Rechts durch das Verfassungsrecht (*Konstitutionalisierung* des einfachen Rechts[76]). Die im Lüth-Urteil begründete Lehre von der objektiven Dimension der Grundrechte kann als bedeutendste theoretische Neuerung nach 1949 gelten.[77] Sie befand sich in vollem Einklang mit den geistigen Grundströmungen jener Jahre, die für Werte und das Konzept einer objektiven Wertordnung in hohem Maße empfänglich und ihrer auch bedürftig war. Das Lüth-Urteil ist die Geburtsurkunde des eigenständigen und spezifischen deutschen Grundrechtsdenkens unter dem Grundgesetz. Die

---

[72] *Bachof,* Verfassungsrecht (Fn. 51), S. 7, spricht in beiden Rechtsprechungsberichten einleitend zum Abschnitt Verfassungsrecht. „Niemals ist die deutsche Verwaltung in solchem Maße „verfassungsabhängig" gewesen wie heute. Das hängt vorzüglich mit der verstärkten gegenständlichen Bindung der Verwaltung an die Verfassung, mit der Aktualisierung der Grundrechte durch die Erklärung ihrer unmittelbaren Verbindlichkeit (Art. 1 III GG, Absage an Programmsatztheorie), und nicht zuletzt auch mit dem umfassenden Ausbau des richterlichen Prüfungsrechts zusammen." Ebenso S. 122.

[73] *Mayer*, Deutsches Verwaltungsrecht, 3. Aufl. 1924, Bd. I, Vorwort, S. VI.

[74] Dazu grundlegend *Hesse*, Bedeutung der Grundrechte, in: Benda/Maihofer/Vogel (Hrsg.), Handbuch des Verfassungsrechts, 1. Auflage 1985, S. 79–106 (stärker historisch geprägt), 2. Aufl. 1994, § 5 S. 127 ff.; *W. Schmidt*, Grundrechte – Theorie und Dogmatik seit 1946 in Westdeutschland, in: Simon (Fn. 1), S. 188 ff.; *Henne*, „Von 0 auf „Lüth" in 6 ½ Jahren". Zu den prägenden Faktoren der Grundsatzentscheidung, in: ders./Riedlinger (Fn. 3), S. 197; *Stolleis*, ebd. S. 298: Von 1949 bis einschließlich 1972 war die bundesdeutsche Staatsrechtslehre von den Themen des Rechtsstaates und der schrittweisen Umsetzung der Grundrechte beherrscht gewesen. – Zur Grundrechtsentwicklung „Von der Spaltung zur Einigung Europas" *Klein*, Von der Spaltung zur Einigung Europas, in: Merten/Papier (Hrsg.), Handbuch (Fn. 3), § 5 Rn. 4 ff. (mit Lit. Nachweisen).

[75] BVerfGE 7, 198; zum historischen Umfeld und zur Wirkung des Urteils *Henne/Riedlinger* (Fn. 3).

[76] Konstitutionalisierung des einfachen Rechts will den Fokus darauf lenken, daß das einfache Recht nicht beliebig abänderbar ist, sondern daß es sich in bestimmten Teilen als Konkretisierung der Verfassung erweist und deshalb – so wohl die verbreitete Annahme – nicht abänderbar ist; dazu *Wahl*, Konstitutionalisierung – Leitbegriff oder Allerweltsbegriff, in: FS Brohm, 2002, S. 191 ff.

[77] Dazu und zum folgenden *Wahl*, Die objektive Dimension (Fn. 3), § 19 Rn. 1.

Grundrechte wurden um eine Dimension erweitert,[78] sie wurden zugleich die ranghöchsten Inhaltsnormen der Rechtsordnung, sie prägen nicht nur den Staat, sondern auch die Gesellschaft.[79]

Bezogen auf die Anfangsphase der Bundesrepublik kann man deshalb von einer (Wieder)Geburt der Rechtsordnung aus dem Geist der Grundrechte sprechen.[80] Darüber hinaus sind die in ihrer Bedeutung kräftig expandierten Grundrechte die materielle Basis für den Siegeszug der deutschen Verfassungsgerichtsbarkeit mit ihren im internationalen Vergleich beispiellosen Zuständigkeiten. Schließlich war und ist die objektive Dimension deshalb ein Fundamentalakt für das gesamte deutsche Öffentliche Recht, weil sie maßgeblich zu dem hohen Grad an Verrechtlichung des politischen Lebens,[81] zum Näheverhältnis von Verfassungs- und einfachem Recht, sowie der Allgegenwart des Verfassungsrechts in der gesamten Rechtsordnung und der Allzuständigkeit beigetragen hat. Die Entdeckung und Dogmatisierung der objektiven Dimension der Grundrechte muß als *Weichenstellung* der Rechtsentwicklung interpretiert werden. Damit wurde ein eigener (Entwicklungs-)Pfad des deutschen Öffentlichen Rechts begründet.[82]

(3) Die Grundrechtsbindung des (Verwaltungsrechts)Gesetzgebers führte notwendigerweise zu einem *grundrechtsgeprägten Verwaltungsrecht*. Wegen dieser Bindung gerät das Verwaltungsrecht in eine große Nähe zum Verfassungsrecht und verbleibt auch in ihr. Verwaltungsrecht ist in der Entstehung, in der weiteren Geltung und Interpretation verfassungsabhängig. Nicht nur die Anwendung der Gesetze (durch die Verwaltung), sondern auch ihre Entstehung und ihre Interpretation sind und bleiben durch das Rechtsstaatsprinzip und die Grundrechte determiniert. Rechtsstaat, das bedeutete bis 1933 die Bindung der Verwaltung bei der Gesetzesanwendung im Einzelfall.[83] [84] Nach 1949 haben die Grundrechtsbindung und der Rechtsstaat auch und gerade die verwaltungsrechtlichen Gesetze „im Visier"; mit ihrem Anspruch als vorrangiges Verfassungsrecht wollen sie gerade die Gesetze determinieren.

---

[78] So auch *Dreier,* Dimensionen der Grundrechte, 1993, S. 11 (das Lüth-Urteil war von „selbstbewußter Grundsätzlichkeit").

[79] Vgl. *Grimm,* Die Zukunft der Verfassung, 1991, S. 408 f.

[80] *Wahl,* Die objektive Dimension (Fn. 3), § 19 Rn. 1.

[81] Durch den qualitativen Bedeutungs-Sprung haben die Bindungen des Gesetzgebers durch die Grundrechte dimensional zugenommen.

[82] Weichenstellungen dieser Art begründen eine eigene und eigentümliche Verfestigung und Einpflanzung des betreffenden Instituts in das Recht und das Rechtsleben. In der Folge davon bildet sich ein stark wirksames generelles Grundverständnis aus, in das Studierende hineinsozialisiert werden und das für die juristischen Professionen ebenso prägend wird wie für die Wissenschaft. Deutsche Juristen denken in den Bahnen der objektiven Dimension der Grundrechte.

[83] Gleichheit der Anwendung, richtige Ermessensausübung, Verhältnismäßigkeit des einzelnen Mittels

[84] Die Überlegungen beziehen sich, um das neu zu verdeutlichen, auf die gesetzlich gebundene, insbesondere die Eingriffsverwaltung (nicht so sehr auf die gestaltende Verwaltung).

(4) Wirkungsvoll verstärkt und eigentlich erst zur vollen Geltung geführt wurden die Subjektivierung und die materiale Grundlegung durch die Garantie des *umfassenden Rechtsschutzes*. Art. 19 IV GG wurde – in den Worten von *Richard Thoma* – als „kühner Absatz" verstanden, der „dem Gewölbe des Rechtsstaates den Schlußstein einfügt".[85] Damit war zugleich die Grundlage für den Rechtswegestaat bzw. den Rechtsschutzstaat gelegt, der in der weiteren Folge von der überwiegenden Zahl der meinungsbildenden Autoren ungeachtet mancher Kritik an Überhitzungsphänomenen als Essentiale der deutschen Rechtsordnung verstanden wurde. Folge der Expansion des Rechtsschutzes und der Dominanz des Rechtsschutzdenkens war eine starke *Gerichtsorientiertheit des deutschen Öffentlichen Rechts*.[86] Die Verwaltungsgerichtsbarkeit entfaltet eine hohe „Durchschlagskraft" in Richtung auf eine Verfeinerung der Auslegung in allen Rechtsgebieten.[87] Das Öffentliche Recht wird durch die Vielzahl der Gerichtsentscheidungen entscheidend reichhaltiger und gehaltvoller; es wird auch in sich differenzierter und nimmt wegen der gerichtstypischen Orientierung an Einzelfällen einen punktuellen Charakter an.[88] In Abwandlung eines bekannten Diktums kann man sagen: Wenn zwei Rechtsordnungen (materiell) das gleiche sagen, dann unterscheiden sie sich doch grundlegend, wenn die eine einen umfassenden Rechtsschutz hat und die andere nicht.[89]

(5) Zu einer nachhaltigen Dimensionserweiterung des Öffentlichen Rechts führt die Entdeckung und feste Etablierung des *Dritten im Verwaltungsrecht*. Auch diese Entwicklung ist durch den Gedanken der Subjektstellung des einzelnen, der Grundrechtsauslegung und Wirkung der Rechtsschutzgarantie her-

---

[85] *Thoma*, Über die Grundrechte im Grundgesetz für die Bundesrepublik Deutschland, Recht – Staat – Wirtschaft III, 1951, S. 9; als formelles Hauptgrundrecht (in Anlehnung an das materielle Hauptgrundrecht in Art 1 I in Verb. mit Art. 2 I GG) versteht Art. 19 IV *Klein*, Tragweite der Generalklausel in Art. 19 Abs. 4 des Bonner Grundgesetzes, VVDStRL 8 (1950), S. 67, 88.

[86] Dazu schon *Wahl*, Verwaltungsverfahren zwischen Verwaltungseffizienz und Rechtsschutzauftrag, VVDStRL 41 (1983), S. 151, 156 und LS 2.

[87] Der Siegeszug der Verwaltungsgerichtsbarkeit war total, er brachte die größten Veränderungen in das Verwaltungsrecht. Für die praktische Wirksamkeit einer Norm bedeutet es einen gewaltigen Unterschied, ob die Regelungen einer gerichtlichen Anwendung und Auslegung unterliegen oder nicht. Recht, das vorher mehr auf dem Papier stand, erhielt plötzlich eine harte Durchsetzbarkeit. Dies gilt für alle dritt- oder nachbarbezogenen Regelungen. Nachdem schon am Ende der 60er Jahre die Anerkennung der Baunachbarklage begann und der Drittschutz auf alle Gebiete der Anlagengenehmigungen, Planfeststellungen und umweltbezogenen Genehmigungen ausgedehnt wurde, erhielten wichtige Teile des Gesetzesrechts erst ihren „Biß" und ihre rechtliche Wirkung. Die Klagbarkeit zeigte, daß die entsprechenden Vorschriften und Tatbestände (Merkmale) echtes und hartes Recht waren.

[88] *Schmidt-Aßmann*, Das allgemeines Verwaltungsrecht (Fn. 42), S. 222.

[89] Oder anders formuliert: Nichts unterscheidet zwei Rechtsordnungen mehr als (beträchtliche) Unterschiede im Rechtsschutz. Auch wenn die beiden Rechtsordnungen sich in den materiellen Regeln nahestehen, schaffen Unterschiede in der Reichweite und Intensität der Gerichtsbarkeit nicht zu überschätzende Divergenzen.

vorgebracht. Sie hat nahezu zu einer Verdoppelung der vom Verwaltungsrecht behandelten und gelösten Problemlagen geführt: Wurden bis in die 60 Jahre die verwaltungsrechtlichen Normen klassisch so gelesen, daß sie Befugnisse der Verwaltung gegenüber dem Adressaten einräumten, so ergab die neue Lesart bei zunehmend vielen Normen eine Berechtigung des Dritten gegenüber der Verwaltung. Im Ergebnis der Ausweitung des subjektiv öffentlichen Rechte der Dritten und Nachbarn wurden zunehmend viele Normen sowohl als Befugnisnorm für die Verwaltung wie auch als Anspruchsnormen für die Dritten verstanden – ohne daß sich der Wortlaut gegenüber der Zeit des klassischen Verwaltungsrechts geändert hätte – eine der ganz großen Leistungen der Interpretation und Rechtsfortbildung durch Literatur und Rechtsprechung.

Diese – unvollständige[90] – Liste von Strukturelementen des Öffentlichen Rechts unter dem Grundgesetz illustriert, wie intensiv und systematisch die Prinzipien des Verfassungs- und Verwaltungsrechts miteinander verbunden sind und daß sie gemeinsam ein kohärentes Öffentliches Recht bilden. Sie haben ein gemeinsames starkes Fundament, das damals in der besonderen Situation entstanden ist, das inzwischen aber längst aus sich heraus trägt, ohne daß die Ausgangssituation noch vorhanden oder bewußt wäre. Da sich die weiteren Hauptteile mit dem – in der Literatur weniger historisierten – Verwaltungsrecht beschäftigen, seien im folgenden einige hervorstechende Strukturelemente des Verwaltungsrechts vertieft und ergänzt (2.-4.).

2. Das grundrechtlich geprägte Verwaltungsrecht

Nach der Grundrechtsdogmatik wurde das Verwaltungsrecht das zweite Experimentierfeld für das neue Öffentliche Recht.[91] Neu ist das Verwaltungsrecht nach 1949, weil es ein rechtsstaatlich und zugleich grundrechtsgeprägtes Verwaltungsrecht ist. Das Gesetz ist für die Verwaltung nicht mehr „fertig" und ein unbezweifelbarer Ausgangspunkt des Handelns, sondern die Gesetze sind dauernd auf ihre Verfassungsmäßigkeit zu prüfen, ebenso wie jede Einzelfallanwendung verfassungsrechtlichen Maßstäben und Kontrolle unterliegt. Kurz: Das Verwaltungsrecht trägt das Verfassungsdenken und die -institute in sich.[92] Dieses *Näheverhältnis von Verfassungs- und Verwaltungsrecht* ist eine Besonderheit des deutschen Rechts, es findet sich in den meisten europäischen

---

[90] Zu dem wichtigen Thema der Phobie gegen Gestaltungsspielräume der Verwaltung siehe vorne II 4.

[91] Der Wandel ist nicht weniger auffällig als im Verfassungsrecht. Er wird vom Gegenbild, vom Stand des bisherigen Verwaltungsrechts her deutlich. Dabei ist der Stand des bisherigen Verwaltungsakts in der Form der eindrucksvollen Ausbildung des wissenschaftlichen Verwaltungsrechts durch Otto Mayer sowie die beachtliche Weiterentwicklung im Weimarer Verwaltungsrecht (Fleiner, Jellinek) unbestritten hoch, auch im internationalen Vergleich.

[92] Gesetze des Verwaltungsrechts sind nicht mehr die nicht hinterfragbaren Rechtsgrundlagen der Verwaltung, sondern Verwaltungsgesetze sind jetzt von der Verfassung abhängig.

Rechtsordnungen in dieser gesteigerten Form nicht. Dieses grundlegende Näheverhältnis hat denn auch im deutschen Recht eine Mehrzahl von treffenden Charakterisierungen gefunden: An der Spitze steht das geflügelte Wort (Formel) vom Verwaltungsrecht als konkretisiertem Verfassungsrecht (Fritz Werner):[93] Andere Formeln sprechen von Verfassungsgeprägtheit oder von Verfassungsabgängigkeit des Verwaltungsrechts[94] (und generell jeden einfachen Rechts) oder neuerdings auch von der Konstitutionalisierung der Rechtsordnung.[95] Das Näheverhältnis findet auch in der Zusammensetzung der einschlägigen wissenschaftlichen Gesellschaft ihren Ausdruck: Die Deutsche „Staatsrechtslehrer"-Vereinigung ist wie selbstverständlich auch die Vereinigung der Verwaltungsrechtler. Und vom deutschen „Staatsrechts"lehrer wird erwartet, daß er auch im Verwaltungsrecht beheimatet ist.[96]

Im Ergebnis ist in den 50er Jahren *ein Verwaltungsrecht einer zweiten Entwicklungsstufe* entstanden. Die erste Stufe, das im engeren und spezifischen Sinne rechtsstaatlich geprägte Verwaltungsrecht, findet sich nahezu in allen europäischen Rechtsordnungen in einer vergleichbaren Weise.[97] Seine Hauptintention ist die Limitierung und Zähmung der eingreifenden Exekutive. Dieses rechtsstaatliche Verwaltungsrecht gehört zur Normalausstattung aller Staaten, die in einem anspruchsvolleren Sinne Verfassungsstaaten geworden sind; es ist ein notwendiges Entwicklungsstadium. Demgegenüber – und das muß im Interesse eines zutreffenden Verständnisses und Selbstbildes hervorgehoben werden – ist das grundrechtsgeprägte (und natürlich auch rechtsstaatliche) Verwaltungsrecht in der Bundesrepublik weithin eine deutsche Eigenart.

Das (auch) grundrechtsgeprägte Verwaltungsrecht verdankt seine Entstehung – einmal mehr – der weitreichenden Grundentscheidung des Art. 1 III GG. Danach binden die Grundrechte nicht nur die Verwaltung, sondern auch

---

[93] Dazu jüngst *Schönberger,* (Fn. 54), sowie *Schmidt-Aßmann,* Das Allgemeine Verwaltungsrecht (Fn. 42), S. 10 f., Rn. 18. ff.; *ders.,* Das Allgemeine Verwaltungsrecht vor den Herausforderungen neuerer europäischer Verfassungsstrukturen, FS Winkler, 1997, 999: Das Konzept der Verfassungskonkretisierung durch das Verwaltungsrecht als den wichtigsten Zug der Verwaltungsentwicklung unter dem Grundgesetz.

[94] Das Verwaltungsrecht als konkretisiertes Verfassungsrecht ist nur ein Spezialfall und der auffällig gewordene Anwendungsfall des generellen Grundsatzes von jedem einfachen Recht als konkretisiertem Verfassungsrecht. Dieser durchgehende Zug bringt es mit sich, daß ausländische Verfassungsjuristen mit einigem Erstaunen zur Kenntnis nehmen, daß Probleme etwa des Sozialrechts in Deutschland Verfassungsfragen sind.

[95] *Schuppert/Bumke,* Die Konstitutionalisierung der Rechtsordnung, 2000; dazu auch *Wahl,* Konstitutionalisierung (Fn. 76), S. 192.

[96] Zum Unterschied zum anderen französischen und englischen Verständnis *Ruffert,* Die Methodik der Verwaltungsrechtswissenschaft in anderen Ländern der Europäischen Union, in: Schmidt-Aßmann/Hoffmann-Riem (Hrsg.), Methoden der Verwaltungsrechtswissenschaft, 2004, S. 165 ff.

[97] Das ist kein Wunder. Überall bedarf die moderne Verkehrs- und Marktwirtschaft eines rechtlichen „Rahmens". Eingriffe und Regulierungen sind unerläßlich, zugleich aber bedürfen dieselben Gesellschaften der Rechtssicherheit und Vorhersehbarkeit – das rechtsstaatliche Verwaltungsrecht rechtfertigt *und* begrenzt die staatlichen Handlungsbefugnisse.

und gerade den das Verwaltungsrecht erlassenden Gesetzgeber. Indem das Verwaltungsrecht diese verfassungsrechtlichen Bindungen in sich aufnimmt, wird es selbst zum verfassungsgeprägten und verfassungskonkretisierenden Recht. Dieses Näheverhältnis besteht nicht nur am Anfang, beim Erlaß der verwaltungsrechtlichen Gesetze. Das Gesetz selbst steht nämlich in einem ständigen Ableitungs-, Rechtfertigungs- und Kontrollzusammenhang zur Verfassung. War vor 1949 das Gesetz der Angelpunkt und Maßstab allen Verwaltungshandelns, so wurde in den fünfziger Jahren gelernt, daß die verwaltungsrechtlichen Zulassungsvorschriften im Apothekengesetz oder der Handwerksordnung – gegen Art. 12 GG verstoßen können oder erst verfassungskonform interpretiert werden müssen.[98] Man kann den Wandel in Weiterführung eines wichtigen Prinzips auch so beschreiben: Galt früher nur die Gesetzmäßigkeit der Verwaltung, so gilt jetzt zusätzlich die Verfassungsmäßigkeit des Gesetzes.[99] Galt früher nur der *Gesetzesvorbehalt*, so gilt heute der *Vorbehalt des verfassungsmäßigen Gesetzes*.

Die Grundrechte und das Rechtsstaatsprinzip, um nur sie zu nennen, bleiben auf der Ebene der Verwaltungsgesetze dauerhaft und flächendeckend wirksam. Für ihre Interpretation gelten die methodischen Regeln der verfassungsorientierten und verfassungskonformen Auslegung. Dies erzeugt eine ständige Blickrichtung des Verwaltungsrechtlers und auch des Verwaltungsrichters nach oben, zum GG, ein dauerhaftes Hin- und Herwandern des Blicks zwischen den beiden Stufen des Rechts. Der auf das gesamte Öffentliche Recht erstreckte Grundsatz der Verhältnismäßigkeit, dirigiert sowohl das abstrakt-generelle Gesetz wie die konkreten Anwendungsakte.

Als konkretisiertes Verfassungsrecht erweist sich das Verwaltungsrecht des Grundgesetzes in vielfacher Weise. Zu allererst erwartet man diese Eigenschaft bei der Gesetzgebung, wo in der Entstehungsphase der Gesetze ausführlich die verfassungsrechtlichen „Vorgaben" und Anforderungen aufgezählt und beachtet werden, wo in der Gesetzesbegründung auf diese verfassungsrechtlichen Vorgaben eingegangen wird. Nicht weniger wirkungsvoll erweist sich die All-Gegenwart des Verfassungsrechts bei der Gesetzesinterpretation durch die Literatur und dann – besonders kräftig – bei der Auslegung der Gesetzesbestimmungen durch die Rechtsprechung. Über die Fälle der ausdrücklichen verfassungskonformen Auslegung – auch sie sind zahlreich genug – zeigt sich der Alltag der Verfassungsgeprägtheit bei dem methodischen Vorgehen, die man verfassungs*orientierte* Auslegung nennt.[100] Sie tritt nicht erst ein, wenn man einen Gegensatz zwischen einer möglichen Auslegung des

---

[98] In diesem Sinne haben sich die Grundrechte und vor allem das Verhältnismäßigkeitsprinzip wirkungsvoll in das Verwaltungsrecht „hineingefressen".

[99] Einen anderen Wandel kennzeichnete *Dürig*, in: Maunz-Dürig, Grundgesetz-Kommentar, Art. 1 Rn. 106: Der frühere Grundsatz der „Gesetzmäßigkeit der Verwaltung" sei zum Grundsatz der „unmittelbaren Verfassungsmäßigkeit der Verwaltung" geworden.

[100] *Stern*, Staatsrecht (Fn. 39), Bd. I, 1977, § 4 III 8 d Abgrenzung verfassungskonform – verfassungsorientiert

verwaltungsrechtlichen Gesetzes und der Verfassung feststellt, sondern bei ihr wird von vornherein für die Interpretation eine Variante gewählt, die sich aus der Orientierung an den verfassungsrechtlichen Anforderungen oder den verfassungsrechtlichen Werten usw. ergibt. Eine häufig in der Literatur und Rechtsprechung auffindbare Variante ist es, daß eine Gesetzesvorschrift, die offensichtlich der Verfassung entspricht, auch noch durch die zusätzlich Aussage bekräftigt und bestätigt wird, daß sie inhaltlich auch von der Verfassung gefordert sei.[101] Es gehört zum Selbstverständnis und zum Selbstverständlichen im deutschen Öffentlichen Recht, daß Aussagen des einfachen Rechts häufig nochmals auf der zweiten Ebene mit der Feststellung bekräftigt werden, daß das einfachrechtlich abgeleitete Ergebnis auch der Verfassung entspreche. In den unten erörterten besonderen Sachgebieten des Verwaltungsrechts wird die Durchdringung des Gesetzesrechts durch das Verfassungsrecht eine immer wiederkehrende Grundlinie sein.

3. Die spezifische Rolle des Allgemeinen Verwaltungsrechts als Mittlerinstanz zwischen Verfassungsrecht und Besonderem Verwaltungsrecht

Im Prozeß der verfassungsrechtlichen Durchdringung des gesamten Verwaltungsrechts spielte naturgemäß spezifisch das Allgemeine Verwaltungsrecht eine besondere Rolle, ist es doch die Transformations- und Umschaltstelle für die Anforderungen aus dem Verfassungsrecht in die zahlreichen Rechtsgebiete des Besonderen Verwaltungsrechts hinein.[102] Im Gesamtaufbau des Öffentlichen Rechts, wenn man so will, in seiner Architektur, ist es die Mitte des gesamten Öffentlichen Rechts, und zugleich der Mittler zwischen Verfassungsrecht und den Gebieten des Besonderen Verwaltungsrechts. In ihm, dem Allgemeinen Verwaltungsrecht, werden Entwicklungen von oben nach unten, aus der Verfassung in die Vielzahl der einzelnen Rechtsgebiete und umgekehrt aus den Sacherfordernissen der einzelnen Rechtsgebiete ins Verfassungsrecht hinein (Beispiele: Bedeutung des Verfahrens, Umgang mit Risiko) vollzogen.

---

[101] Standardbeispiel bei allen Genehmigungen, für die es einen Anspruch auf Genehmigung gibt. Hier folgt regelmäßig der Satz, daß dies auch gar nicht anders sein dürfe, weil das jeweils einschlägige Grundgesetz gebiete, daß beim Einhalten der Tatbestandsvoraussetzungen ein Anspruch gegeben sei. Dieser Zusatz wird auch dann getroffen, wenn es überhaupt niemanden gibt, der etwa beim Anspruch auf eine Baugenehmigung eine Ermessensvorschrift vorschlagen würde.

[102] Der Text folgt *Wahl*, Die Aufgabenabhängigkeit von Verwaltung und Verwaltungsrecht, in: Hoffmann-Riem/Schmidt-Aßmann/Schuppert (Hrsg.), Reform des Allgemeinen Verwaltungsrechts, 1993, S. 177. – Eine eigene Konzeption des „allgemeinen Verwaltungsrechts als Ordnungsidee" hat *Schmidt-Aßmann* in der gleichnamigen Schrift (zunächst als Vortrag vor der Jur. Studiengesellschaft Karlsruhe unter dem Titel: Das allgemeine Verwaltungsrecht als Ordnungsidee und System, 1982, dann als: Das allgemeine Verwaltungsrecht als Ordnungsidee. Grundlagen und Aufgaben der verwaltungsrechtlichen Systembildung, 1. Aufl.1998, 2. Aufl. 2004, siehe bereits Fn. 42) ausgearbeitet und kontinuierlich erweitert.

Die Rolle als Transformationsriemen der verfassungsrechtlichen Grundentscheidungen in die Vielfalt der verwaltungsrechtlichen Gesetze hat
das Allgemeine Verwaltungsrecht bald nach 1949 geprägt. Sie ist leicht
wahrnehmbar in den ausführlichen verfassungsrechtlichen Passagen in den
Lehrbüchern des Allgemeinen Verwaltungsrechts. Sie ist auch real geworden
in dem Dauergespräch der Verwaltungsgerichte mit den Instituten des
Verfassungsrechts. In der Mittelstellung zwischen dem Verfassungsrecht und
dem Besonderen Verwaltungsrecht erfüllte der Allgemeine Teil zugleich eine
Vermittlungsfunktion, indem er neue, auf der Verfassungsebene erarbeitete
Lösungen in alle Rechtsgebiete des Besonderen Verwaltungsrechts weiterleitete.
Als Beispiel sei die Neuvermessung der Rückwirkungsproblematik genannt.
Für die überkommene Doktrin, weiterhin vertreten z.B. von *Ernst Forsthoff*,
gab es nur die eine Lösung, daß ein rechtswidriger Verwaltungsakt, eben weil
er ein Verstoß gegen das Gesetz sei, zurückgenommen werden müsse. Dahinter
stand die zum Teil emphatisch vorgebrachte Begründung, der Rechtsstaat gebe
sich selber auf, wenn er Rechtswidriges nicht beseitige. Dem Gewicht dieser
Argumentation konnte nur mit dem – ebenfalls verfassungsrechtlich fundierten – Grundsatz des Vertrauensschutzes begegnet werden, den *Otto Bachof*,
z.T. im Rechtsstaatsprinzip, z.T. in den Grundrechten begründet. Am Ende
standen neue und differenzierende Lösungen, die dann als „Grundsätze des
allgemeinen Verwaltungsrechts" (und später als Normen der Verwaltungsver-
fahrensgesetze) diese Innovation dem gesamten Verwaltungsrecht weiterleiteten.

4. Das gerichtsorientierte Verwaltungsrecht

Eine Neuerung war ex ante von kaum vorhersehbarer und ex post von kaum
zu überschätzender Wirkung. Als Fundamentalveränderung erwies sich die
Garantie des umfassenden Rechtsschutzes durch Art. 19 IV GG und seine
Umsetzung durch die Generalklausel des § 40 VwGO. Das Verwaltungsrecht
wurde aus einem primär an die Verwaltung gerichteten exekutiv und (guber-
nativ) orientierten Recht (Recht der Verwaltung) zu einem individual- und
zugleich gerichtsorientierten Recht.[103]

Verwaltungsrecht war nicht länger eine Materie, die in erster Line die
Verwaltungsbeamten und die gesetzesvorbereitenden Ministeralbeamten
interessierte, sondern jetzt kamen mit den Verwaltungsrichtern eine wichtige
und große Juristenprofession hinzu, im Gefolge der sich rasch ausbreitenden
verwaltungsgerichtlichen Verfahren auch die Anwälte als immer aktiver
mitspielende Juristengruppe. Nutznießer von dieser Ausweitung waren und

---

[103] Natürlich begann dies nicht alles erst nach 1945. Natürlich hat die seit
1863 gestartete moderne Verwaltungsgerichtsbarkeit diesen Wandlungsprozeß schon
vollzogen. Insofern spielten die obersten Verwaltungsgerichte der einzelnen Länder,
am deutlichsten sichtbar am Preußischen Oberverwaltungsgericht, im Rahmen und
für den Bereich ihrer Gerichtsbarkeit genau diese Rolle schon bis 1933.

sind die einzelnen, die dank der Klagemöglichkeiten sichtbar in eine gleichberechtigte Rolle gegenüber der Verwaltung gerieten. Bildlich gesprochen stellte die Verwaltungsgerichtsbarkeit das Verwaltungsrecht aus einem in den oberen Sphären der Staatlichkeit angesiedelten Rechts auf die Füße eines zwischen der Verwaltung und den einzelnen bezogenen Rechts, das von subjektiven Abwehr- und Leistungsrechten der einzelnen ebenso geprägt ist wie von Pflichten und Handlungsschranken für die Beamten.

Hier ist nicht der Ort, um diesen grundsätzlichen Wandel in allen seinen Dimensionen zu behandeln. Es änderte sich, wie erwähnt, der Kreis der mit dem Verwaltungsrecht beschäftigten juristischen Professionen. Richter und Rechtsanwälte kamen jetzt erst in großer Zahl hinzu. Das gleiche gilt für die Literatur und die -gattungen – Kommentare gibt es jetzt erst in größerer Zahl. Die gesamte Literatur wurde differenzierter und wuchs in eine ungeahnte quantitative Dimension hinein. Die Verwaltungsrechtswissenschaft orientierte sich tendenziell von der Darstellung der großen Zusammenhänge weg auf die Kommentierung und Aufarbeitung des immer größeren Rechtsprechungs"materials" – kurz: die Verwaltungsrechtwissenschaft wurde zur Verwaltungsgerichtswissenschaft.

Nur noch angedeutet werden können die entscheidenden materiellen Veränderungen, die Aufwertung des subjektiven Rechts oder die differenziertere Bindung der Verwaltung. Der juristische Dialog über das Verwaltungsrecht intensivierte sich – allein darin lag ein ungeheuer großer Schritt zur weiteren Verrechtlichung. Zur großen Gesetzesproduktion der Legislative trat nämlich die Vertiefung, Verfeinerung und Ausdifferenzierung durch die Judikative bei Gelegenheit der Anwendung dieser Gesetze hinzu. Das dadurch entstandene Verwaltungsrecht nach 1949 ist mit seinen Vorläufern vor 1933 nicht mehr zu vergleichen. Zwischen beidem liegt ein Quantensprung an dogmatischer Verfeinerung und Durchdringung, an stärkerer Verwissenschaftlichung *und* zugleich, vermittelt durch das Dauergespräch mit der Verwaltungsgerichtsbarkeit, eine größere Orientierung an der Verwaltungspraxis. Der Anteil des Rechts am Verwalten hat sich beträchtlich vergrößert. Die verwaltungsgerichtliche Generalklausel und der Aufstieg der Verwaltungsgerichtsbarkeit zu einem maßgeblichen Mitspieler und Mitdenker am Verwaltungsrecht können in ihren Auswirkungen gar nicht genug betont werden. Ihre Geschichte ist noch nicht geschrieben.

5. Verrechtlichung als Generalmerkmal des Öffentlichen Rechts nach 1949

Als durchgehende Grundlinie und abstraktestes Kennzeichen des deutschen Entwicklungspfads läßt sich die *fortschreitende Verrechtlichung und Judizialisierung* nennen.[104] Erstens ist der Kreis der gesellschaftlich-politischen Probleme

---

[104] Dazu ausführlich in *Wahl*, Die objektive Dimension (Fn. 3) Rn. 27 unter der Überschrift: Die objektiv-rechtliche Dimension als Fundament des deutschen Öffentlichen Rechts.; *ders.*, Die Zweite Phase des Öffentlichen Rechts (Fn. 11), S. 496 ff.

und Konflikte, der in Deutschland nach *Rechtsregeln* beurteilt wird, denkbar groß und vermutlich größer als in jedem anderen Land. Zweitens ist der Kreis der gesellschaftlich-politischen Probleme, die in Deutschland der Entscheidung durch *Richter* zugänglich sind, ist denkbar groß und vermutlich größer als in allen anderen Ländern. Beide Haupttendenzen, die materielle Verrechtlichung und die Judizialisierung, sind von der Grundsätzlichkeit und der Intensität des Anfangs her so stark im deutschen Öffentlichen Recht verankert, daß sie eine Art Eigendynamik und Selbstläufigkeit erhalten haben – nicht zuletzt auch dadurch, daß wir Staatsrechtslehrer die Studierenden in der Universität in dieses Verständnis hineinsozialisieren. Es sind diese Eigenschaften, die es rechtfertigen, diese Prägung einen spezifischen Entwicklungspfad zu nennen.

Die Grundvorstellung vom Entwicklungspfad ist stark assoziiert mit dem daraus folgenden weiteren Konzept einer Pfadabhängigkeit. Wenn das Öffentliche Recht nach 1949 so stark auf tragende Grundvorstellungen gegründet ist, dann ist es alles andere als wahrscheinlich, daß diese rasch und sozusagen wegen der ersten Kritik verlassen werden. Im Gegenteil kann man damit rechnen, daß solche den Entwicklungspfad prägenden Grundvorstellungen eine beträchtliche Resistenz gegen Änderungen ausbilden, kurz: es entsteht nicht nur ein Entwicklungspfad, sondern ein eigener Weg, wenn man will, auch ein deutscher Sonderweg. Mag die Bezeichnung Sonderweg provozierend klingen, inhaltlich besagt sie nicht viel mehr als die Selbstverständlichkeit, daß letztlich alle Entwicklungsgänge Singularitäten, also Sonderwege sind.

C Rechtsentwicklungen nach der Gründungsphase: Antworten auf gesellschaftliche Bewegungen und neue Staatsaufgaben

I. Gesellschaftlicher Wandel – neue Staatsaufgaben – komplexe Reaktion des Rechts

1. Begrenzung des Themas auf Reaktionen im Verwaltungsrecht

Im Weiteren sind Schwerpunkte zu setzen. Aus Raumgründen können nicht alle Entwicklungslinien gleichberechtigt oder für alle Zeitabschnitte gleich vertieft behandelt werden. Nicht einmal die isolierten Entwicklungen von Verfassungsrecht und Verwaltungsrecht können gleichberechtigt behandelt werden, zumal der Akzent der Darstellung auf dem neuen Verfassungsrecht und Verwaltungsrecht integrierenden Öffentlichen Recht liegen soll. Nachdem für die Gründungsphase naheliegenderweise die verfassungsrechtliche Grundlegung und das Neue am GG und die daraus folgenden (Rahmen-)Vorgaben „von oben" hervorgehoben wurde, soll in den folgenden Teilen die Blickrichtung umgekehrt werden und die Reaktionen des Öffentlichen Rechts auf die aus den (neuen) Staats-Aufgaben kommenden Herausforderungen und Anforderungen im Mittelpunkt stehen.[105]

Im folgenden wird die Geschichte des Öffentlichen Rechts nach der Gründungsphase[106] unter einem doppelten Aspekt behandelt. Es geht zum einen um Herausforderungen an das Recht, die sich aus den neuen gesellschaftlichen Problemlagen oder neuen Staatsaufgaben ergeben.[107] Zum anderen soll diese Daueraufgabe der Rechts(weiter)entwicklung unter dem Aspekt gewürdigt werden, daß dies unter den geänderten verfassungsrechtlichen Bedingungen nicht nur reine Rechtspolitik ist, also nicht nur das politische Wollen des Gesetzgebers entscheidet, sondern daß die Rechtspolitik auch rechtlich, nämlich verfassungsrechtlich beeinflußt ist. Als Folge des Grundverhältnisses von vorrangigem Verfassungs- und abhängigem Gesetzesrecht erhielt jede Gesetzesänderung eine doppelte Qualität: Sie war freie Rechtspolitik auf der Ebene des Gesetzesrechts, zugleich aber auch vom Verfassungsrecht partiell determiniert, insofern also Bestandteil eines rechtsimmanenten Ableitungszusammenhangs.

Die weitere Darstellung konzentriert sich auf die Reaktion des Öffentlichen Rechts auf die vielfältigsten Phänomene des gesellschaftlichen Wandels. Im Mittelpunkt des Interesses stehen deshalb Rechtsgebiete des Besonderen Verwaltungsrechts. In diesem Teil des Verwaltungsrechts nähert sich das Öffentliche Recht in besonderer Weise und intensiv den Sachproblemen. Das Besondere Verwaltungsrecht hat – dies ist seine Eigenart – eine spezifische Sachzugewandtheit.[108] Es ist damit zumeist als erstes Rechtsgebiet mit neuen konkreten Problemen der Politikbereiche konfrontiert. Damit ist zugleich auch plausibel gemacht, daß das Besondere Verwaltungsrecht wegen seines direkten Kontakts zu den gesellschaftlichen und wirtschaftlichen Entwicklungen einen großen Änderungsbedarf hat, daß es Innovationen braucht und die kluge Verarbeitung von Herausforderungen in rechtliche Figuren und Prinzipien. Aus der direkten Konfrontation mit den Herausforderungen in den Sachgebieten

---

[105] Die Folge des Vorgehens ist es, daß die Entwicklungen des Verfassungsrechts, sowohl im Grundrechts- wie auch im Organisationsteil nicht mehr im einzelnen betrachtet werden. Desgleichen werden auch die dogmatischen Veränderungen in den Grundfiguren des Allgemeinen Verwaltungsrechts (wie Gesetzesvorbehalt, Ermessen, Beurteilungsspielraum, Widerruf und Rücknahme oder Verwaltungsverfahrensrecht) nicht behandelt. – Eine empfindliche, hier aber gleichwohl aus Raumgründen nicht zu schließende Lücke hat die Darstellung im Hinblick auf das sozialstaatlich motivierte Öffentliche Recht, dazu statt aller: *Badura*, Verwaltungsrecht im liberalen und sozialen Rechtsstaat, 1966; *ders.*, Die Daseinsvorsorge als Verwaltungszweck der Leistungsverwaltung und der soziale Rechtstaat, DÖV 1966, S. 624 ff.; *ders.*, Auftrag und Grenzen der Verwaltung im sozialen Rechtsstaat, DÖV 1968, S. 446.

[106] Der Planung ist im folgenden größerer Raum gewidmet, weil, wie immer, am Anfang die Weichen gestellt werden.

[107] Ähnlich, wenn auch stärker oder vorwiegend an Methodenfragen interessiert *Bumke*, Methodik (Fn. 2), S. 73 ff. und *Voßkuhle*, Verwaltungs- und Verwaltungsprozeßrecht, in: FS C.H. Beck Verlag, 2006 (im Erscheinen).

[108] *Wahl*, Die Aufgabenabhängigkeit (Fn. 102), S. 177.

und des gesellschaftlichen Wandels entsteht im Besonderen Verwaltungsrecht – wenn die Verarbeitung kreativ und konstruktiv ist – das, was man in den Worten von *Eberhard Schmidt-Aßmann* ein *Referenzgebiet* nennt[109], nämlich ein Rechtsgebiet mit den für die Sachproblematik typischen und adäquaten Rechtsfiguren. Ein Referenzgebiet entsteht durch die gelungene Verwandlung von Sachanforderungen in überzeugende Rechtsfiguren. Die Ausbildung eines Referenzgebiets ist eine sehr anspruchsvolle Leistung – *Otto Mayer* ist dies für das Polizeirecht und überhaupt für das „Allgemeine" Verwaltungsrecht der Eingriffsverwaltung gelungen.[110]

2. Zur Aufgabenabhängigkeit des Verwaltungsrechts

Wendet man den Blick von der Gründungsphase zu den weiteren Abschnitten der gesellschaftlichen und rechtlichen Entwicklungen, so ändert sich damit die Perspektive: Die Gründungsphase ist die Zeit und die Epoche der höchsten Bedeutung des Rechts: In Gestalt der Verfassung erreicht das Recht seine größte und dichteste Direktionskraft. Demzufolge herrscht im Recht die Denk-Richtung von der Verfassung zum Gesetzesrecht, von „oben nach unten" vor. In den weiteren Phasen treten dagegen neue Erfordernisse, Anforderungen und Herausforderungen des sozialen und wirtschaftlichen Lebens hervor. Sie äußern sich in spezifischen, die jeweilige Zeit charakterisierenden Problemlagen und rechtlich in den dafür einschlägigen Rechtsgebieten. Kennzeichnend ist jetzt ein Aufsteigen „von unten nach oben": In speziellen Sachgebieten der aktuellen Politik und Verwaltungspraxis werden neue Bedürfnisse wahrgenommen und in einzelnen Bestimmungen oder ad hoc-Gesetzen bearbeitet. Die Praxis der Verwaltung in bestimmten Sachbereichen und das dafür einschlägige Besondere Verwaltungsrecht sind der Ort, wo auf Neues reagiert wird. „Das Neue", daß sind *neue Staatsaufgaben* oder – was praktisch das gleiche ist – neu interpretierte alte Staatsaufgaben. Die theoretische Brücke für die weiteren Zusammenhänge sind die Staatsaufgaben.[111] Von ihnen weiß man

---

[109] Begriff von *Schmidt-Aßmann* geprägt in *ders.*, Zur Reform des Allgemeinen Verwaltungsrechts – Reformbedarf und Reformansätze –, in: Hoffmann-Riem/*ders.*/Schuppert (Hrsg.) (Fn. 102), S. 14.; *ders.*, Das allgemeine Verwaltungsrecht (Fn. 42), S. 8. – Auch aus Referenz gegenüber dem Erfinder sollte man vor einer inflationistischen Verwendung des Begriffs warnen. Es trägt nichts zu einer gehaltvollen Verwendung bei, wenn jeder Autor das Rechtsgebiet, an dem er seine Überlegungen anwendet, Referenzgebiet nennt. Referenzgebiet ist etwas ganz anders als ein bloßes Anwendungsbeispiel für eine These.

[110] Zu Otto Mayer *Stolleis*, Geschichte (Fn. 2), Bd. 2, 1992, S. 394 ff., 403 ff., 407 ff., 414 ff.; *Bachof*, Die Dogmatik (Fn. 46), S. 193, 203 ff.; *V. Heyen*, Otto Mayer. Studien zu den geistigen Grundlagen seiner Verwaltungsrechtswissenschaft, 1981; neuerdings *Schmidt-De Caluwe*, Der Verwaltungsakt in der Lehre Otto Mayers, 1999, S. 49 ff. mit der Eingangsthese: Otto Mayers Verwaltungsrechtslehre als „Legalisierung des Polizeistaates" und These S. 262 ff. Unmöglichkeit der Rezeption der Verwaltungsrechtslehre Otto Mayers im demokratischen Rechtsstaat.

[111] Zu den Verwaltungsaufgaben als Leitbegriffe der Systembildung *Schmidt-Aßmann*,

wenigstens so viel, daß es eine geschlossene oder gar abgeschlossene Theorie nicht gibt, so wichtig diese auch angesichts der Bedeutung der Staatsaufgaben als gedanklicher Anfang vieler Ableitungen und Zusammenhänge wären. Auch das Thema: Aufgabenabhängigkeit des Verwaltungsrechts hat eine längere Tradition,[112] auf die immer wieder zurückgekommen wird, wenn auch oft mit falschen Erwartungen. Erhoffen kann man nicht eine direkte und präzise Verknüpfung von distinkt unterschiedenen einzelnen Aufgaben mit verschiedenen Instituten oder Entscheidungsproblemen der verwaltungsrechtlicher Dogmatik. Charakterisiert man eine Aufgabe als planerische, sozialstaatliche oder umweltschutzbezogene, so kann man dadurch nicht auf konkrete dogmatische Lösungen schließen. Gelingen kann aber eine plausible Verknüpfung von pragmatisch identifizierten Aufgaben mit typischen Sachproblemen und daraus sich nahelegenden rechtlichen Lösungen. Deshalb ist eine Charakterisierung als planerische oder sozialstaatliche Aufgabe wertvoll und fruchtbar, weil sie auf ein Set von typischen Rechtsproblemen, die bei der Planung oder sozialstaatlichen Regelungen auftreten, aufmerksam macht und zugleich den Blick auf bisher schon gefundene Lösungen, Muster, Figuren und Institute im Planungs- oder Sozialrecht lenkt. Eine Typisierung von Aufgabenfeldern *und* der Zuordnung von Regelungsproblemen und -lösungen ist an andere Stelle vorgelegt worden, darauf sei verwiesen.[113] Dort ist die Vollzugsverwaltung am Beispiel der Gefahrenabwehr, die Gestaltungsaufgaben am Beispiel der Planung, die Vollzugsverwaltung in der Gestalt der (Geld-)Leistungsverwaltung und die Gestaltungsfunktion in Gestalt betreuender sozialer Dienstleistungen exemplarisch unterschieden worden. Heute würde man jedenfalls die Regulierungsverwaltung bzw. die Gewährleistungsverwaltung oder die internationale Verwaltung nennen. Erwähnt sei der theoretische Bezugsrahmen, der hinter dieser Typisierung steht; der heute so vehement geforderte Theoriebezug war damals auch gegeben, nur wurde er nicht so selbstreflexiv und ausdrücklich formuliert.

In einem systemtheoretischen Grundbild wurden die sachlichen Herausforderungen als Input, die staatliche Reaktion darauf in Gestalt der Ergebnisse des staatlichen Handelns als output verstanden. Der systematische Ort, an dem über den Erfolg oder Mißerfolg der staatlichen Antworten auf die Anforderungen der Gegenwart geurteilt wird, ist der Output, das Gesamtergebnis des staatlichen Handelns. Unter Reformgesichtspunkten richtet sich der Blick zunächst auf den Output des Verwaltungssystems und fragt von ihm aus zurück auf die bedingenden Faktoren, die es zu verändern gilt, wenn bessere (oder

---

Das allgemeine Verwaltungsrecht (Fn. 42), S. 154 ff. – Das Denken über Verwaltungsaufgaben gehört nicht der Ebene der Dogmatik an, sondern ist diesem vorgelagert oder theoretisch übergeordnet; es leitet den Aufmerksamkeitshorizont und gibt dem Denken Bahnen.

[112] *Badura*, Verwaltungsrecht im liberalen und sozialen Rechtsstaat, 1966; *ders.*, Das Verwaltungsrecht des liberalen Rechtsstaates, 1967, und die Nachweise in Fn. 105; *Link/Ress*, Staatszwecke im Verfassungsstaat nach 40 Jahren Grundgesetz, VVDStRL 48 (1990), S. 7 ff. und 56 ff.; *Bachof*, Die Dogmatik (Fn. 46), S. 223 ff.

[113] *Wahl*, Aufgabenabhängigkeit (Fn. 102), S. 190 ff.

besser auf Herausforderungen reagierende) Ergebnisse erzielt werden sollen. Das Gesamtergebnis der Verwaltung, der insoweit entscheidende Output der Gesamtveranstaltung der Verwaltung ist nun aber – selbstverständlich – nicht allein durch das (Verwaltungs)recht bestimmt, dieser Output hängt von einer Reihe von Faktoren ab, die man als Entscheidungsprämissen bezeichnen kann. Zu ihnen gehören nicht nur die Programme (die inhaltlichen Regeln, wie das Recht und die Handlungsprogramme), sondern auch die Organisation, das Personal und die Verfahrensstruktur.[114] Im vorliegenden Zusammenhang interessiert die Konsequenz dieser Ableitungen: Der Staat reagiert auf die Sachanforderungen zunächst damit, daß die Art und der Umfang der Staatsaufgaben neu festgelegt wird.[115]

II. Planung und Recht der räumlichen Planung

1. Die Reaktion des Rechts auf die neue Staatsaufgabe auf drei Reflexionsebenen

Schon das Öffentliche Recht vor 1933 hatte in Materien wie dem Polizei- oder Kommunalrecht beachtliche Leistungen aufzuweisen, auch im Vergleich mit anderen Rechtsordnungen. Zunächst brachte der neue Anfang mit seinen charakteristischen Impulsen zur weiteren Verrechtlichung und zur Judizialisierung des Rechts starke Änderungen. Hinzukamen bald neue Herausforderungen, die aus dem gesellschaftlichen Wandel und dem Wandel der Wahrnehmung (größere Sensibilisierung) resultierten. Wie schon erwähnt, prallen Änderungen in Wirtschaft und Gesellschaft dabei nicht unvermittelt auf das Recht und die Rechtspolitik. Sie beeinflussen das Recht über mehrere Zwischen- und Vermittlungsstationen. Zentrale Bedeutung kommt dabei dem Verständnis der Staats- bzw. Verwaltungsaufgaben zu.[116] Gerade bei der hier interessierenden planenden Verwaltung (und ihrer Verarbeitung im Recht) läßt sich eine idealtypische Abfolge von gedanklichen Schritten aufzeigen, mit denen der sehr lange Vermittlungszusammenhang zwischen gesellschaftlichem Wandel und rechtlicher Verarbeitung abgeschritten wird.

---

[114] Ebd. (Fn. 102), S. 185 f. Mehrfach, auch S. 186, ist hervorgehoben, daß die Postulate der aufgabengerechten Organisation und des aufgabengerechten Einsatzes von Personal nicht vom Verwaltungsrecht gesteuert werden können. Dies unterscheidet meine Position von den nachfolgenden Bänden der Reihe „Reform des Verwaltungsrechts" von *Hoffmann-Riem/Schmidt-Aßmann* (Hrsg.), Verwaltungsorganisationsrecht als Steuerungsressource, 1997, dazu ausdrücklich *Wahl* ebd. S. 315 ff., auch S. 309 f.

[115] *Wahl*, Aufgabenabhängigkeit (Fn. 102) S. 186 f. dort eine ausführliche Zusammenfassung der Ableitungsschritte zwischen dem gesellschaftlichen Wandel, Wandel der Staatsaufgaben und rechtlichen Innovationen.

[116] Zu diesem Gedankengang gerade am Beispiel der Planung *Wahl*, Rechtsfragen der Landesplanung und Landesentwicklung, 2. Bd., 1978, S. 78 ff., insbesondere S. 101 ff.

Der nach 1949 stärker hervortretende Bebauungsplan ließ sich zunächst nicht bruchlos oder angemessen in die überkommenen rechtlichen Institute (Verwaltungsakt oder Norm) einpassen. Diese anhaltenden Einordnungsschwierigkeiten führten dann rasch zum Rekurs auf grundsätzlichere Überlegungen. Das überkommene Gegensatzpaar Norm und Einzelakt wurde als Ausdruck einer spezifischen Programmform, nämlich der konditionalen Programmierung, interpretiert, und dies wiederum als adäquate Programmform für die Staatsaufgabe Gefahrenabwehr. Auf dem Hintergrund dieses Aufsteigens vom konkreten verwaltungsrechtlichen Institut über die Programmform zur spezifischen Staatsaufgabe konnte nun die Reihenfolge umgekehrt werden: Von der Staatsaufgabe Planung und Gestaltung führte der gedankliche Weg zur Zweck- oder finalen Programmierung und von letzterer zu den Eigenarten der Pläne. Am Ende dieser Ableitung angekommen wußte man, daß und warum Pläne keine Verwaltungsakte oder Normen der üblichen Art sind. Es war aber auch der Weg eröffnet, Pläne in Kenntnis ihrer Eigenarten etwa in § 10 BBauG wie eine Norm zu behandeln, da nun einmal das Prozeßrecht nur die Alternative Verwaltungsakt oder Norm zur Verfügung stellte. Gewonnen war bei dem gesamten gedanklichen Prozeß, einerseits eine zureichende Kenntnis der Eigenarten der Planung, zum anderen aber auch die Gelassenheit, bei den wie eine Norm zu behandelnden Bebauungsplänen für einzelne Probleme mit abweichenden Lösungen zu rechnen.[117]

Die Diskussion weitete sich bezeichnenderweise aus. Die Formalkategorien der traditionellen Dogmatik, die Unterscheidungen von abstrakt-konkret und generell-individuell als Eigenschaften der Regelung erlaubten keine überzeugende Einordnung des (Bebauungs)Plans. Deshalb mußte man – weiter abstrahierend – zu den staatstheoretischen Grundlagen des Gegensatzes von Norm und Verwaltungsakt zurückgehen. Man fand diese in den Eigenarten der bisher vorwiegend betrachteten Staatsaufgabe der Gefahrenabwehr. Sie ist das Exempel für das Modell der Vollzugsverwaltung. Für sie, aber nur für sie und nicht für die Planung, war der Doppelschritt von generell-abstrakter Normierung und konkret-individuellem Einzelfallvollzug typisch. Dagegen verteilt die anders geartete Staatsaufgabe Planung die Anteile des Abstrakten, Konkreten usw. in einer anderen Weise in ihrem Handlungsinstrument Plan. Aufschluß darüber gab die damals neu begründete Analyse der Programm- oder Programmierungsformen. Diese Analyse liefert den notwendigen Zwischen – und Verbindungsschritt zwischen den unterschiedlichen Staatsaufgaben und der konkreten gesetzlichen Ausgestaltung des Planes.[118] Die Entgegensetzung

---

[117] Beim Bebauungsplan ist es im Gegensatz zur klassischen Norm nicht wünschenswert und richtig, daß der Plan möglichst abstrakt und generell formuliert wird, dies ist gerade ein Mangel. Pläne müssen im Angesicht der konkreten Lage aufgestellt werden. Sie müssen sich möglichst genau auf die konkrete Lage und deren Besonderheiten beziehen, sie müssen nicht das allen unterschiedlichen räumlichen Lagen Gemeinsame regeln – dies wäre uninteressant, näher dazu unten Fn. 122.

[118] *Brohm* setzt den Schwerpunkt seines Referats 1971: Die Dogmatik des Ver-

von Konditional- und Zweckprogrammen von Niklas Luhmann formuliert, setzte sich rasch durch, weil sie unbeachtet der verbleibenden Abgrenzungs-schwierigkeiten wesentliche und für das Recht relevante Aussagen über die unterschiedlichen Aufgaben machte. Rekonstruieren konnte man den gesamten Ableitungszusammenhang als einen Weg

- vom Staatsverständnis über das
- Staatsaufgabenverständnis über die
- Programmform (Programmierungsform) zu den
- Formalkategorien der Handlungsformen (z.B. die Merkmale von Einzelakt oder Norm).

Wenn im folgenden abkürzend von Herausforderung der gesellschaftlichen und wirtschaftlichen Wandlungen auf das Recht gesprochen wird, dann ist immer ein solcher vermittelnder Einflußweg gemeint, nie eine unmittelbare und direkte (Spiegelung oder) Abbildung der realen Entwicklung im Recht. Insoweit wird die Formulierung des Themas der Staatsrechtslehrertagung von 1971: „Die Dogmatik des Verwaltungsrechts vor den Gegenwartsaufgaben der Verwaltung" im Kern aufgenommen, aber doch auch entscheidend verändert. Der Weg vom wahrgenommenen Wandel der gesellschaftlichen Problemlagen oder der Staatsaufgaben zu Änderungen im positiven Recht ist weit, jedenfalls weiter als die Entgegensetzung von Gegenwartsaufgaben und Verwaltungsrecht. Das hier an der Planung entwickelte Analyseschema wird auch beim nachfolgenden Wandel der Staatsaufgaben angewandt; es wird sich zeigen, daß es sich auch dort als allgemeines Deutungsmuster bewährt.

2. Einige rechtsrelevante Besonderheiten der Planung

Die räumliche Planung war in den fünfziger Jahren das erste Beispiel für die rechtliche Bewältigung von komplexen Problemlagen, die weit über die Abwehr von Gefahren hinausgehen. Sie war damit auch das erste große Rechtsgebiet, für das das bisher als Referenzgebiet fungierende Polizei- und Gefahrenabwehrrecht nicht mehr maßgeblich war.[119] Erst rückblickend wird deutlich, daß die Gefahrenabwehr mit ihrer zentralen Problemsituation der unmittelbar bevorstehenden Schädigung einen recht präzisen Ausgangssach-verhalt hat. Das Gefahrenabwehrrecht lebt von der relativen Präzision der Gefahrenlage und den auf diese spezifische Situation antwortenden ebenfalls relativ präzisen Abwehrmaßnahmen und -eingriffen. Mit der Planung, zuerst

---

waltungsrechts vor den Gegenwartsaufgaben der Verwaltung, VVDStRL 30 (1972), S. 245 ff. auf die Herausarbeitung der Kennzeichen der planenden Verwaltung.

[119] Diese Bemerkung mag erstaunen. Immerhin ist die Leistungsverwaltung, oft in der Forsthoff'schen Kennzeichnung als Recht der Daseinsvorsorge, schon in den 30er Jahren als neues Gebiet erörtert worden. Aber die Leistungsverwaltung hat die überkommene Verwaltungsrechtsdogmatik und ihre zentralen Institute nicht transzendiert und nicht grundsätzlich herausgefordert, so *Brohm*, (Fn. 118), S. 257, 308 = LS 6, andere Akzente bei *Bachof*, Die Dogmatik (Fn. 46), S. 212 ff., 223 ff.

und exemplarisch an der Bauleitplanung durchexerziert und erprobt, kamen viel weitere Handlungszusammenhänge ins Blickfeld. Der Baugenehmigung im Einzelfall war eine zusätzliche Schicht der Lenkung und Steuerung vorgeschaltet. Der abschließende Verwaltungsakt wird nachhaltig, aber in einer spezifisch rahmenhaften Weise vom Bebauungsplan gelenkt. Das zusätzliche Instrument des Planes ist erforderlich, weil eine geordnete städtebauliche Entwicklung die Verwirklichung sehr vieler Ziele und umfassender Zusammenhänge voraussetzt, damit aus der Fülle der Einzelvorhaben nicht ein beziehungsloses Nebeneinander, sondern ein befriedigendes „Bild" des Ortsteils entsteht. Die Einzelgenehmigungen haben bei weitem nicht die „Problemlösungskapazität", die dafür erforderlich ist; deshalb muß eine zusätzliche Schicht an planerischen Verarbeitung der Zusammenhänge vorgeschaltet werden. Und selbst die (abschließend regelnde) Baugenehmigung kann sich nicht mehr wie bisher auf das Zweier-Verhältnis Verwaltung/Bauherr beschränken (öffentliches Interesse – Eigentümerinteressen) beschränken. In dem für das Baurecht einschlägigen räumlichen Zusammenhang wird es unübersehbar, daß noch „Dritte", die Nachbarn im Spiel sind und im Recht dabei sein müssen. Die Dogmatik antwortete auf die drei- oder mehrseitige Realproblematik mit dem Institut des drei- oder mehrseitigen Verwaltungsakts (multipolaren Rechtsverhältnisses).[120]

3. Von der Staatsaufgabe Planung zur Dogmatik des Planungsrechts

Trat das Planungsrecht zunächst mit dem wichtiger gewordenen Bebauungsplan in den Aufmerksamkeitshorizont des Verwaltungsrechts, so konnte es im gerichtsorientierten und rechtsschutzdominierten deutschen Verwaltungsrecht nicht ausbleiben, daß zunächst die Klageart und Klagebefugnis gegenüber dem Bebauungsplan im Mittelpunkt stand. Als Vorfrage für alle weiteren gerichtlich anzupackenden Probleme war dabei, wie erwähnt, die Handlungsform der Pläne zu klären.[121] Mit den Vorschriften der § 10 BBauG und § 47 VwGO[122] wurde die Rechtsschutzfrage für die Bedürfnisse der Praxis befriedigend gelöst.[123] Am Ende zerschlug die gesetzliche Formulierung („Bebauungsplan gilt

---

[120] Dazu *Scholz/Schmidt-Aßmann*, Verwaltungsverantwortung und Verwaltungsgerichtsbarkeit, VVDStRL 34 (1976), S. 145 ff., S. 221 ff.

[121] *Forsthoff*, Norm und Verwaltungsakt im geltenden und künftigen Baurecht, DVBl. 1957, S. 113 ff.; Zusammenfassend dazu *Brohm*, Rechtsschutz im Bauplanungsrecht, 1959, S. 53–62; *Breuer*, Die hoheitliche raumgestaltende Planung, 1968 und Reflektion über diese Diskussion von *Wahl* Landesplanung (Fn. 116), S. 27–45 (mit Nachweisen); *Imboden/Obermayer*, Der Plan als verwaltungsrechtliches Institut, VVDStRL 18 (1960), S. 113 ff., 144 ff.

[122] § 47 VwGO galt zunächst nicht in allen Bundesländern für die Bebauungspläne. Erst nach der Änderung der VwGO 1976 war die Normenkontrolle gegen die Bebauungspläne obligatorisch.

[123] § 10 BBauG illustrierte die Möglichkeiten, aber auch die Grenzen der Einordnungsfähigkeit der Pläne in das überkommene Verwaltungsrecht: Die Formulierung

als Satzung", § 10 BauGB) den gordischen Knoten der ergebnislos gebliebenen Diskussion.

Der Gesetzgeber des BBauG hatte mit seinem Federstrich zwar die Zulässigkeitsfrage pragmatisch gelöst, die eigentliche Bewältigung der Planung im Verwaltungsrecht blieb der neuen und an Bedeutung stark gewachsenen Instanz überlassen – der Gerichtsbarkeit und dem Richterrecht. Zunächst wenig bemerkt, dann aber unübersehbar, schoben sich in den 60er Jahre die materiellen Rechtmäßigkeitsmaßstäbe für die Pläne in den Vordergrund. Der Rechtsschutz, einmal bejaht, erzeugte einen Bedarf nach materiellen Maßstäben. Er zog die Planung insgesamt in einer gesteigerten Weise ins Recht hinein und fraß sich sozusagen von der Zulässigkeits- in die Begründetheitsstation, d.h. in die Rechtmäßigkeitsanforderungen an einen Plan, hinein und erzeugte solche Maßstäbe erst richtig. Mit diesem Verrechtlichungsschub wuchs zugleich die Zahl relevanter Rechtsfragen in der Planung schnell an. Jetzt, in diesem neuen Entwicklungsstadium, mußte ein eigenständiges Planungsrecht entstehen.[124] Mit der gerichtlichen Überprüfbarkeit und der „Produktion" von vielen Gerichtsentscheidungen veränderte sich auch und folgenreich der Kreis der an der Fachplanung Interessierten, veränderten sich auch die Texte zur Fachplanung: Das Richterrecht trat machtvoll hervor und stieß einen Prozeß der Intensivierung, der Interpretation und der weiteren Verrechtlichung an.[125] Der bisherige Blick von Praktikern und Ministerialbeamten

zeigt, daß der Plan eigentlich ein aliud zu Norm und Verwaltungsakt ist. Da die positive Rechtsordnung mit einem (rechtlich unbeschriebenen) aliud nichts anfangen kann, vor allem der Rechtsschutz und die Anforderungen an die Unterscheidung von Verwaltungsakt und Norm programmiert sind, war die voluntative Zuordnung des Bebauungsplans zur Satzung eine für das praktische Rechtsleben absolut vernünftige Entscheidung. Die Besonderheiten des Plans im Verhältnis zur „normalen" Norm machen sich aber an einigen Stellen doch geltend: Die Satzung Bebauungsplan darf gerade nicht rein abstrakte Festsetzungen enthalten, sondern diese Festsetzungen müssen „sozusagen im Angesicht der konkreten räumlichen Situation!" ergehen; deshalb kann für die Gesamtfläche einer Großstadt nicht die einheitliche Anforderung festgesetzt werden, daß auf jedem Grundstück ein Baum gepflanzt werden muß, so BVerwGE 50, 114, 120 ff. – Grünordnungsplan mit dem Leitsatz: „Bebauungspläne müssen ihre Festsetzungen grundsätzlich konkret-individuell treffen. Festsetzungen, die den Charakter von (abstrakt-generellen) „Vorschriften" haben, bedürfen in dieser Richtung einer zusätzlichen Rechtfertigung".

[124] Die Geschichte der Auswirkungen des umfassenden Rechtsschutzes auf die (Durchdringung der) einzelnen Rechtsgebiete ist noch nicht geschrieben, an ihr besteht aber ein hohes Interesse, weil sie ein Hauptteil der umfassenden Verrechtlichungsprozesse betrifft, die nach 1949 im deutschen Öffentlichen Recht stattgefunden haben und die dessen Eigenart begründet haben. Wichtige Beiträge zum Gesamtthema stammen von *Blümel*, Planung und Verwaltungsgerichtsbarkeit (II), in: Grupp/Ronellenfitsch (Hrsg.), Beiträge zum Planungsrecht 1959–2000, 2004, S. 419 ff.; *ders.*, Planung und Verwaltungsgerichtsbarkeit, DVBl. 1975, S. 695 ff. (= Grupp/Ronellenfitsch, ebd,. S. 169 ff.).

[125] Eine ausführlichere Darstellung der Geschichte des (Öffentlichen) Rechts nach 1945/49 müßte die neue und gesteigerte Rolle des Richterrechts ausführlich

auf die gesetzgeberischen und administrativen Probleme der Planaufstellung wurde nachhaltig durch die Perspektive der Betroffenen ergänzt, die sich, vertreten durch immer sachkundiger werdende Anwälte, mit ihren Belangen bei den Gerichten meldeten. Die Richter antworteten auf die Klagen mit ihrer typischen und originären Sicht auf den Rechtsschutz der einzelnen.

Im einzelnem mußten die Verwaltungsgerichte bei ihrer Kontrolltätigkeit erst einmal klären, welche *rechtlichen* Anforderungen das BBauG an die Pläne überhaupt gestellt hat – und sie wurden rasch fündig. Die Bauleitplanung hatte einen juristischen Anteil erhalten, der sich unübersehbar in den Gerichtsurteilen manifestierte und der zudem über die Geltung oder Nichtgeltung des Plans entschied. Mit der Anforderung der Abwägung aller berührten Belange erhielt das Planungsrecht auch einen gut einsehbaren Zentralmaßstab und eine Leitidee, mit andern Worten: das überkommene Handlungsinstrument der Planer und Techniker wurde rechtlich strukturiert und ausbuchstabiert. Das Planungsrecht vollbrachte damit eine beträchtliche juristische Leistung. Von den „Betroffenen", der Planungspraxis wurde die darin liegende Verrechtlichung – was anders konnte auch das Ergebnis sein – (eher) kritisch bewertet. Diese ambivalente Bewertung teilte das Planungsrecht mit weiteren Terrainerweiterungen des Rechts und der Verwaltungsgerichtsbarkeit. Auch das ebenfalls in den 50er Jahren entstandene Schulrecht wurde von der Praxis der Schulverwaltung und der Pädagogen natürlich nicht nur begrüßt.[126]

Innerjuristisch gesehen war die Entwicklung des Kontrollschemas für die Rechtmäßigkeit eines Bebauungsplans zweifellos eine sehr erfolgreich bestandene Bewährungsprobe für die Anpassungsfähigkeit des Verwaltungs- und Verwaltungsprozeßrechts. In kurzer Zeit wurde hinter den wenig aussagekräftigen oder wenig aussagekräftig erscheinenden Worten des § 1 BBauG und seiner einzelnen Absätze juristisch gehaltvolle Begriffe und Institute „entdeckt" und ein rechtlich tragfähiges Gerüst entwickelt. Heute nach mehreren Jahrzehnten praktizierten Planungsrechts wird diese Leistung oft nicht mehr erkannt – der Erfolg der aus dem Stande neu entwickelten Dogmatik ist so groß, daß er die gedankliche Leistung und die Anstrengung des Entwickelns selbst verdeckt.

4. Wechselwirkungen zwischen Literatur und Rechtsprechung

Die weitere Entwicklung der Planungsrechtsdogmatik war ein Exempel für die neue Situation, die sich für die Rechtsinterpretation seit der umfassenden

---

und auf der ganzen Breite des Öffentlichen Rechts würdigen. Es ist natürlich kein Wunder, daß das Thema Richterrecht und Richterstaat schon in den fünfziger Jahren lebhaft diskutiert wurde, vgl. z.B.: *Werner*, Das Problem des Richterstaates, in: ders., Recht und Gerichte in unserer Zeit, S. 176 ff. (und andere letztlich dieser Thematik gewidmeter Beiträge in dieser Aufsatzsammlung); *Marcic*, Vom Gesetzesstaat zum Richterstaat, 1957.

[126] Zu den zeitgenössischen Schwierigkeiten *Werner*, Schule und Verwaltungsgerichtsbarkeit, in: ders. (Fn. 125), S. 319 ff.

Verwaltungsgerichtsbarkeit notwendigerweise ergab.[127] Wer ist jeweils Vorreiter und Pionier der Interpretation, die Verwaltungsrechtswissenschaft oder die Richter? Dies ist im einzelnen strittig. Beim zentralen dogmatischen Institut der Planung, bei der Abwägung, lohnt sich dieser kleine Streitpunkt über das Erstgeburtsrecht deshalb, weil hier wirklich Neues geschaffen worden ist. Darüber ist ein kleiner Disput zwischen Richtern und einigen Autoren über die Ehre des Erstgeburtsrechts entstanden. Zutreffend ist, daß *Werner Hoppe* 1964 einen ersten Aufsatz in der Absicht der rechtsdogmatischen Durchdringung und Klärung des grundlegenden § 1 BauGB verfaßte.[128] In ihm hat er – vermutlich als erster – auf die Bedeutung des Abwägungsgebotes aufmerksam gemacht. Dieser Aufsatz war eine Pionierleistung; von einer klaren Strukturierung der Norm oder einem Prüfungsschema war er aber noch einiges entfernt. Dies ist aber auch nicht zufällig. Mehr und direkter als der Anwalt oder der Wissenschaftler ist nämlich der Richter zur Auslegungs-, Konkretisierungs- und Systematisierungsarbeit angesichts der von ihm zu beurteilenden konkreten Fälle gezwungen. Bei den Bebauungsplänen kommt hinzu, daß die Normenkontrolle den Plan als Ganzen auf den Prüfstand stellt, kein Wunder, daß die Verwaltungsgerichte sozusagen aus dem Stand die inhaltlich neuen Vorschriften des BBauG umfassend ins Blickfeld nehmen mußten. Zu klären war zuallererst, was denn an den zunächst so weich und „soft" klingenden Sätzen des § 1 BauGB „richtiges" Recht ist.[129] Auszuarbeiten war des weiteren ein veritables Prüfungs- und Kontrollschema. Schließlich verlangte die entscheidende Prüfung der Begründetheit eines Normenkontrollantrags gegen den Bebauungsplan nach Maßstäben, also nach einem Kontrollschema für die Rechtmäßigkeitsprüfung. Ein solches wurde auch rasch erarbeitet.

Noch öfters und eigentlich auf allen verwaltungsrechtlichen Rechtsgebieten hatte die Verwaltungsgerichtsbarkeit die geschilderte Aufgabe zu erfüllen, ein bisher unter der Perspektive der Handlungsmaßstäbe für die Verwaltung wahrgenommenes Rechtsgebiet nun für die Bedürfnisse der kontrollierenden Gerichte zuzubereiten und den Rechtsstoff in Form eines Prüfungsschemas oder Leitfadens zu strukturieren. Daß die Bewältigung dieser Daueraufgabe beim Bauplanungsrecht so auffällt, liegt daran, daß des eigentlich keine große „Entwicklung", sondern einen Durchbruch und einen veritablen Paukenschlag gab – die berühmte Entscheidung des Bundesverwaltungsgerichts vom 12.

---

[127] Ähnlich die Situation im Verfassungsrecht mit der – kritikwürdigen – Entwicklung des Staatsrechts zur Verfassungsgerichtswissenschaft bzw. zum Verfassungsgerichtspositivismus, s. *Schlink*, Die Entthronung der Staatsrechtswissenschaft durch die Verfassungsgerichtsbarkeit, Der Staat (28) 1989, S. 161 ff.

[128] *Hoppe*, Bauleitplanung und Eigentumsgarantie. Zum Abwägungsgebot des § 1 Abs. 4 Satz 2 BBauG, DVBl. 1964, S. 165 (Pionieraufsatz zum Abwägungsgebot).

[129] Stark wurden die parallelen Bestimmungen des § 1 ROG (Grundsätzen der Raumordnung) wegen ihrer angeblichen Leerformelhaftigkeit kritisiert; erhoben wurde auch der völlig überzogene Vorwurf der „Sprachlyrik des Raumordnungsgesetzes" (*Rupp*, in: Konzertierte Aktion, 1971, S. 4.; Nachweise bei *Wahl*, Landesplanung (Fn. 116), S. 210 f.

Dezember 1969 (BVerwGE 34, 301). Natürlich gab es auch hier einige
Vorarbeit durch die Instanzgerichte[130] und einer – wenn auch im Umfang
bescheidenen – Diskussion in der Literatur. Aber selten hat eine Entscheidung
das einschlägige Recht und Rechtsgebiet mit einem Mal und so umfassend auf
ein ganz anderes Niveau der Interpretation und des Verständnisses gebracht.[131]
Jenseits gewisser Überspitzungen beim Prätendenten- und beim Streit um
das Erstgeburtsrecht,[132] gab es natürlich ein Zusammenwirken von Rechtsprechung und praxiszugewandter Literatur (Rechtsanwälte). *Werner Hoppe*
und die Instanzgerichte machten den Anfang. Das Bundesverwaltungsgericht
prägte die Begriffe, es hat die Ausführungen der Literatur und das Material
der Rechtsprechung dann aber gültig „auf den Begriff gebracht".[133]

---

[130] Rechtsprechung der Instanzgerichte, insbesondere VGH Mannheim, 13
Entscheidungen zum Abwägungsgebot; Nachweise bei *Hoppe,* Die Schranken der
planerischen Gestaltungsfreiheit, § 1 Abs. 4 und 5 BBauG. Das Urteil des Bun-
desverwaltungsgerichts vom 12.12.1969 zum Abwägungsgebot, § 1 Abs. 4 Satz 2
BBauG und seiner Rechtskontrolle, BauR 1970, S. 15 ff., 16, Fn. 3. Auch andere
Gerichtshöfe hatten damals die Rechtskontrolle des Abwägungsgebots behandelt, so
z.B. der Bayerische VGH und der Hessische VGH. VGH Mannheim vom 22.07.1966,
BRS 17, 16, 19 = ISVGH 17, 101, 104.

[131] *Hoppe,* Entwicklung von Grundstrukturen des Planungsrechts durch das
Bundesverwaltungsgericht – Hommage an die Leitentscheidung zum planungsrechtlichen
Abwägungsgebot vom 12. Dezember 1969 (BVerwGE 34, 301) – DVBl. 2003, S. 697 mit
seinem kennzeichnenden Untertitel; *ders.,* Abwägungsgebot (Fn. 128); *ders.,* Schranken
(Fn. 130), BauR 1970, S. 15 ff. – Es belegt den Rang dieses Urteils, daß es immer
wieder als eine der großen Leistungen des (rechtsfortbildenden und rechtsschöpferischen)
Richterrechts gewürdigt worden ist, vgl. z.B. *Berkemann,* Horizonte rechtsstaatlicher
Planung, in: FS Schlichter, 1995, S. 27, 47 f.; *Konrad Redeker,* Entwicklungen und
Probleme verwaltungsgerichtlicher Rechtsprechung, in: FS Scupin, 1983, S. 861,
874 („Eine der großen Leistungen des Richterrechts der letzten 20 Jahre"); *Stich,*
Das neue Bundesbaurecht, 1994, S. 275; *Sendler,* Über Wechselwirkungen zwischen
Rechtsprechung und Gesetzgebung im Bau- und Umweltrecht, in: FS Weyreuther,
1993, S. 3 ff.; *ders.,* (Un)erhebliches zur planerischen Gestaltungsfreiheit, in: FS
Schlichter, 1995, S. 55 ff.; *Bartlsperger,* Das Abwägungsgebot in der Verwaltung als
objektives und individualrechtliches Erfordernis konkreter Verhältnismäßigkeit in:
Erbguth/Oebbecke/Rengeling/Schulte (Hrsg.), Abwägung im Recht, 1996, 79 ff.; *Käß,*
Inhalt und Grenzen des Grundsatzes der Planerhaltung, 2002, S. 135; *Schulze-Fielitz,*
Das Bundesverwaltungsgericht als Impulsgeber für die Fachliteratur, in: Festgabe 50
Jahre Bundesverwaltungsgericht, 2003, S. 1061, 1065: innovatives „Glanzstück".

[132] Im vielstimmigen Lob der Grundsatzentscheidung BVerwGE 34, 301 gibt es unterschiedliche Auffassungen zur Frage des eigentlichen Pioniers der Abwägungsdogmatik,
ob es die Rechtsprechung oder der erwähnte Aufsatz von Hoppe (Fn. 128) war; über
dem im Text Ausgeführten soll dieser Frage nicht weiter nachgegangen werden.

[133] Ähnlich *Hoppe,* Entwicklung (Fn. 131), S. 700: Die Entscheidung ist auf
das Wesentliche konzentriert, sie wahrt Brillanz und Eleganz des Stils und Exaktheit
in der Wortwahl mit Prägnanz der Überzeugungskraft der Argumentation; *Sendler,*
Wechselwirkung (Fn. 131), S. 6, § 1 BBauG habe erst dank der Kritik und der
Anregungen der Rechtsprechung einen überzeugenden Aufbau und eine Struktur
erhalten, die sich sehen lassen können". *Franßen,* in: FS Weyreuther 1993, Geleitwort

Im weiteren sind die Grundsatzentscheidung und die nachfolgenden Urteile ein sprechendes Beispiel dafür, was gerichtliche Kontrolle und eine Vielzahl von einschlägigen Entscheidungen für eine unschuldige Norm wie § 1 BBauG/ BauGB bedeuten. Ehe im Schrifttum die Frage ernsthaft aufgeworfen werden konnte, ob Begriffe wie „Entwickeln", „Anpassen" oder „Beachten"[134] echte Normen und ernsthaftes Recht seien oder unverbindliche Beschreibung,[135] waren sie durch die Rechtsprechung schon zu hartem Recht gemacht worden, an denen die Rechtmäßigkeit eines Bebauungsplans scheitern konnte; die einzelnen Absätze von § 1 BBauG wurden in ein anspruchsvolles rechtliches Anforderungs- und Kontrollschema transformiert und insbesondere das Abwägungsgebot als ein greifendes planungsrechtliches Institut entwickelt.[136] Die Entscheidung war rechtsschöpferisch, sie war zugleich rechtspraktisch gelungen und erfolgreich. Damit war auch die Kontrollmethode für den komplexen Handlungstyp Plan geboren.

5. Übertragung der Maßstäbe auf andere Planungen, insb. die Fachplanung

Wo immer in Zukunft andere Planungen oder auch nur planerische Elemente ins Blickfeld des Rechts und der Gerichte traten,[137] konnten die hier entwickelten Handlungs- und die Kontrollmaßstäbe angewendet werden. Die rechtliche Strukturierungsleistung war so überzeugend, daß es dafür rasch ein sehr großes Anwendungsfeld gab, sei es bei der Raumordnung, der Landschaftsplanung, der Umweltplanung und vor allem bei der Fachplanung.[138] Das Bauplanungs-

---

VI: In der Entscheidung hat der „Inhalt eine Form gefunden hat, die kongruent ist"; es handele sich um ein „rhetorisches Meisterwerk".

[134] Mit diesen 3 Begriffen verortet das Gesetz den Bebauungsplan im Umfeld anderer Pläne oder Planungsträger: Der Bebauungsplan muß aus dem Flächennutzungsplan „entwickelt" sein, beide müssen mit den Plänen von Nachbargemeinden „abgestimmt" (§ 2 II BauGB) sein und beide müssen sich an Ziele der Raumordnung und Landesplanung „anpassen" § 1 IV BauGB. Jedesmal mag es zunächst verwundern, daß diese Begriffe rechtlich ernst gemeint und grundsätzlich mit der Nichtigkeitssanktion bedroht sind.

[135] Dazu oben Fn. 122.

[136] Entfaltet wurde das Abwägungsgebot in der Lehrbuch- und Kommentarliteratur. Die Ausbildung einer hochdifferenzierten Dogmatik hat besonders gefördert *Hoppe*, zusammenfassend in: ders./Bönker/Grotefels (Hrsg.), Öffentliches Baurecht, 2. Aufl. 2002, § 7, S. 223–313; vgl. auch die eigenständige Systematik von *Brohm*, Öffentliches Baurecht, 3. Aufl. 2004, §§ 11–14.

[137] Verallgemeinert und übertragen wurde vor allem das einprägsame Diktum, das eigentlich schon ein geflügeltes Wort geworden ist, in BVerwGE 34, 304: „Erstens, daß die Befugnis zur Planung – hier wie anderweit – einen mehr oder weniger ausgedehnten Spielraum an Gestaltungsfreiheit einschließt und einschließen muß, weil Planung ohne Gestaltungsfreiheit ein Widerspruch in sich wäre." Vgl. auch *Ibler*, Die Schranken der planerischen Gestaltungsfreiheit, 1985.

[138] Dort ging die Rechtsprechung des Bundesverwaltungsgerichts unter literarischer Vorarbeit des Richters *Kühling* (Fachplanungsrecht, 1988, Rn. 4, 20, 23) geradezu einen

recht erwies sich als Referenzgebiet für den gesamten Bereich der Planung bis hin zu Entscheidungen mit einem „planerischen" Einschlag.[139]

Die bald allgemein so genannte *Fachplanung* hatte zwar eine beträchtliche Tradition an juristischer Bearbeitung und Aufmerksamkeit hinter sich.[140] Die Planstellung und Planfeststellung und der Planfeststellungsbeschluß waren schon wegen ihrer enteignungsrechtlichen Implikationen und Folgen früher Gegenstand der rechtswissenschaftlichen und rechtspraktischen Überlegungen gewesen.[141] Aber auch hier waren es die ersten Prozesse – lange gab es etwa keine Lärmprozesse von Straßenanliegern gegen die Straßenverwaltung – die wiederum zur raschen Strukturierung der rechtlichen Normen zwangen. Die Entscheidung des Bundesverwaltungsgerichts vom Februar 1975 in Band 48 (BVerwGE 48, 56) war die Geburtsstunde des Richterrechts der Fachplanung. Sie übertrug das Kontrollschema des Bauleitplans auf die Fachleitplanung. Einzelne Anpassungen und Modifikationen waren dann notwendig, um den Eigenarten der Fachplanung gerecht zu werden. Aber wiederum war rasch eine tragfähige dogmatische Leistung erbracht und das weite Feld der Straßen-, Eisenbahn- und Flughafenplanung, um nur die wichtigsten zu nennen, rechtlich strukturiert.

Das Rechtsinstitut der Planfeststellung kann als Spitzenerzeugnis des deutschen Verwaltungsrechts, entstanden schon in der Mitte des 19. Jh., verstanden werden. Leider ist dies deutschen Juristen, die in europäischen Gremien tätig sind, nicht bewußt. Einige der von der EU kommenden Innovationen, die auf eine integrierte Entscheidung, auf umfassende Berücksichtigung aller Umweltbelange abzielten (UVP-, IVU-RL), hätten in der Planfeststellung ein gutes Vorbild nehmen können – wenn die Deutschen überhaupt begonnen hätten, den Juristen anderer Staaten deren Vorteile und Leistungen zu vermitteln. Eigentlich hat die Planfeststellung als Entscheidungstyp alles an sich, was es zu einem Exportgut, wenn nicht gar zu einem Exportschlager prädestiniert. Bei welchem anderen Entscheidungstyp ist das Problem der Vielzahl von

---

deduktiven Weg. Vorangestellt wird eine Definition des materiellen Planungscharakters; alle Programmentscheidungen, die ihm genügen, werden als Planungen verstanden und nach dem Kontrollschema behandelt. Materielle Planungsentscheidungen sind danach „durch einen weiten planerischen Gestaltungsspielraum gekennzeichnet, andererseits aber an das Gebot gebunden, die unterschiedlichen Interessen und Belange in einem einheitlichen Entscheidungsvorgang abzuwägen, BVerwGE 74, 124, 133; BVerwG, NVwZ 1986, S. 640; BVerwG, NVwZ 1989, S. 458, zum ganzen *Wahl*, Entwicklung des Fachplanungsrechts, NVwZ 1990, S. 426, 427.

[139] Begriff von *Schmidt-Aßmann* geprägt in: Hoffmann-Riem/ders./Schuppert (Hrsg.), Reform (Fn. 102).

[140] *Blümel*, Die Bauplanfeststellung I. Die Planfeststellung im preußischen Recht und im Reichsrecht, 1967; *ders.*, Die Entwicklung des Rechtsinstituts der Planfeststellung, in: FS Hoppe, 2000, S. 3–20; *Wahl*, Die Fachplanung in der Phase ihrer Europäisierung, in: FS Bartlsperger (im Erscheinen).

[141] Pionier war *Blümel* dazu Fn. 140 und *ders.*, Beiträge zum Planungsrecht 1959–2000, hrsgg. von Grupp/Ronellenfitsch, 2004.

einzuholenden Genehmigungen durch die umfassende Konzentrationswirkung so einfach und elegant gelöst wie bei der Planfeststellung?

6. Das Baurecht als Exempel für die Bedeutung des Richterrechts

Das Baurecht ist auch ein Beispiel für den Wandel des Rechts insgesamt hin zu einer großen Bedeutung des *Richterrechts*. Speziell in Deutschland hat sich im generellen Rahmen einer kodifikationsorientierten, auf Gesetze ausgerichteten Rechtsordnung ein breiter Anteil, mehr als die Hälfte an Rechtserzeugung durch das Richterrecht etabliert. Die Rechtswissenschaft tut sich schwer, aus der Rolle der nachträglichen Glossatoren oder Kommentatoren dieser Rechtsprechung herauszukommen und wieder Rechtswissenschaft nach eigenen Aufmerksamkeitskriterien und eigengearteter Dogmatik und Systematik zu betreiben. Die richtige Balance zwischen Rezeption der Rechtsprechung und Entwicklung eigener Systementwürfe zu finden, ist sehr schwierig. Man kann nicht sagen, daß die Verwaltungsrechtswissenschaft in allen oder vielen Rechtsgebieten zu überzeugenden und eigenständigen Systementwürfen gekommen sei. Zu groß ist die Versuchung, das Material des Richterrechts, insb. die Leitsätze und die allgemeinen Obersätze in einer Darstellung zusammen zu collagieren.

III. Umweltschutz und Umweltrecht

1. Die Entstehung eines neuen Rechtsgebiets

Weitere Herausforderungen – sie werden hier nicht in einer strikten zeitlichen Abfolge behandelt – sind im Öffentlichen Recht durch die Umweltpolitik, die Bewältigung von Risiken (im Technikrecht), durch Deregulierung, Beschleunigung und Privatisierung entstanden. Das Umweltrecht ist seinem Selbstverständnis nach ein neues Rechtsgebiet, es umfaßt aber in der Sache viele alte Rechtsmaterien. Schon seit vielen Jahrzehnten und Jahrhunderten haben nämlich die Rechtsordnungen einen gezielten Schutz für Luft, Wasser, Boden und Natur angestrebt.[142] In Deutschland gab es Rechtsvorschriften zum Schutz der Nachbarn und der Allgemeinheit gegen Verunreinigungen der Luft beinahe so lange, wie es Industrien gibt, also seit mehr als 150 Jahren.[143] Vorschriften zum Schutz des Wassers gab es immer und Regeln

---

[142] Verdienstvoll *Kloepfer*, Zur Geschichte des deutschen Umweltrechts, 1994. – Besonders erwähnt sei, daß sich in der Geschichtswissenschaft eine eigene Disziplin Umweltgeschichte ausgebildet hat, siehe z.B. *Brüggemeier*, Natur- und Umweltschutz nach 1945: Konzepte, Konflikte, Kompetenzen, 2005; *ders.* (Hrsg.), Industrie-Natur: Lesebuch zur Geschichte der Umwelt im 19. Jh., 1995; *ders.*, Das unendliche Meer der Lüfte: Luftverschmutzung, Industrialisierung und Risikodebatten im 19. Jh., 1996.

[143] *Kloepfer*, Geschichte (Fn. 142), S. 37 ff.; *ders.*, Umweltrecht, 3. Aufl. 2004, § 2; *Mieck*, Luftverunreinigung und Immissionsschutz in Frankreich und Preußen zur Zeit der frühen Industrialisierung, Technikgeschichte 48 (1981), S. 239 ff.

zum Schutz der Natur seit mehr als 100 Jahren, und trotzdem sind die Begriffe: Umwelt, Umweltschutz, Umweltpolitik und Umweltrecht neu,[144] sowohl in der deutschen Sprache, wie auch in anderen Sprachen die Begriffe: Environmental (Law), environnement, derecho del medio ambiente. Alle diese Begriffe sind Ende der 1960er Jahre entstanden, also in der Zeit zwischen 1965 und 1970. Zu erklären ist die aufschlußreiche Gleichzeitigkeit damit, daß in den Jahren zwischen 1960 und 1970 vor und mit den neuen Begriffen eine neue Politik, nämlich Umweltpolitik, entstanden ist. Und sie konnte sich nur bilden, weil ein neues Bewußtsein entstanden war, ein neues Bewußtsein von beträchtlichen Gefährdungslagen und von der Funktion der Umweltmedien und der Umwelt als ganzer. Mit dem Sprung der Wahrnehmung und des Bewußtseins wuchsen Einzelbeobachtungen zu einer umfassenden Wahrnehmung zusammen, die einzelnen Elemente der umgebenden Natur wurden als Teile eines Ganzen verstanden, die Verhältnisse zwischen ihnen als Wechselwirkungen und ökosystemare Zusammenhänge verstanden.[145] Für das Recht waren die Konsequenzen daraus beträchtlich. Eine Reihe traditioneller Rechtsmaterien, so z.B. Wasserrecht, Naturschutzrecht, das Recht der Industrieanlagen, gerieten in einen inneren systematischen Zusammenhang. Sie dienten in Zukunft nicht nur dem Schutz ihres speziellen Umweltsektors oder -mediums, sondern alle waren verbunden in der Aufgabe und zur Aufgabe, die Umwelt insgesamt zu verbessern. An seiner Wiege war das Umweltrecht schon ein Recht der Verbesserung, ein Recht des Fortschreitens, ein – wenn man paradox formulieren will – ein rechtspolitisch orientiertes Recht.

Das Recht hat auf die Herausforderung des neuen Bewußtseins überraschend und schnell reagiert. Kaum waren „Environment" und „Umwelt" geboren, gab es auch schon das Umweltrecht und Environmental Law. Das Recht hinkte nicht hinter dem Bewußtsein und der politischen Formulierung hinterher, wie oft ungenau gesagt und behauptet wird, sondern es hatte eine überraschende und anerkennenswert rasche Reaktion. Hinterher gehinkt waren Recht *und* Politik *und* die öffentliche Wahrnehmung den Sachproblemen, die sich schon viel früher gezeigt hatten. Der Problemdruck mußte sich erst in den 60er Jahren weltweit vergrößern, sich sozusagen in seiner vollen Gestalt aufbauen und unübersehbar werden, bis die Politik und das Recht beinahe im Gleichklang reagierten.[146]

---

[144] Dazu jüngst *Schulze-Fielitz*, Umweltrecht. Ein Paradigma für verlegerische Funktionen, in: FS C.H. Beck Verlag, 2006; *von Lersner*, Zur Entstehung von Begriffen in Umweltrecht, in: FS Sendler, 1991, S. 259, 263.

[145] Alle Elemente der uns umgebenden Natur wurden auf einmal als Teile eines Ganzen, eben der Umwelt als eines Gesamtbegriffs oder eines Systembegriffs, als der Gesamtheit des uns Umgebenden verstanden.

[146] Vor dem Bewußtseinswandel hatte das Recht in den Gleisen des traditionellen Wasser-, Luftreinhalte- und Naturschutzrecht einiges Beachtliches geleistet, nur eben nicht das, was in der neuen oder neu wahrgenommenen Situation zu Recht für erforderlich gehalten wurde. Aber auch dies ist nahezu selbstverständlich. Schließlich sind das Umweltrecht und sein Vorgänger u.a. ein Recht des Eingriffes. Wie sollte in

2. Die Gesetzgebung des sektoral ausgerichteten Umweltrechts

Das Umweltrecht konnte nicht in einem einzigen Neuansatz die gesamte erweiterte Problemlage der Umweltpolitik aufgreifen und bearbeiten. Es knüpft an Vorhandenes an, und dies hieß insofern an die vorhandenen Gesetze. Sie wurden gründlich reformiert, insbesondere durch die Anreicherung der Ziele und Schutzabsichten dieser Gesetze und durch Aufnahme der neu formulierten Prinzipien des Umweltrechts (dazu gleich unten). Das Bundesimmissionsschutzrecht von 1974 war ein veritabler Entwicklungssprung gegenüber der Vorgängerfassung der Gewerbeordnung letzter Fassung (von 1959). Das Wasserrecht erhielt mit der Novellierung von 1976 eine moderne Fassung, ebenso das Naturschutzrecht im Bundesnaturschutzgesetz von 1976. Mit dem Abfallbeseitigungsgesetz von 1972 wurde erstmals eine Zentralmaterie der neuen Umweltpolitik geregelt. Rasch entstand das Umweltrecht in seinem gesamten Umfang.[147] Es erlangte, wenn auch noch von einigen bestritten, den Status eines eigenen Rechtsgebiets.[148] Es etablierte sich als ein Rechtsgebiet einer mittleren Abstraktionsebene, die zwischen dem Allgemeinen Verwaltungsrecht und den einzelnen Umweltgesetzen angesiedelt ist.[149]

War die Umweltgesetzgebung seit Anfang der 70er Jahre und die darauf gestützte Verwaltungspraxis[150] in der Ausbildung eines modernen Umweltrechts in seinen Materien erfolgreich, so kann gleiches nicht für die weitere Herausforderung des Umweltgedankens gesagt werden, nämlich für den Kerngedanken von Systemhaftem und Gesamthaftem der Umwelt und ihres Schutzes. Das deutsche Umweltrecht, so wie es seit Anfang der 70er Jahre entstanden und dann verfeinert wurde, besteht aus sektorbezogenem, auf Umweltmedien ausgerichtetes Recht.[151] Gesamthafte Regelungen, die die Wechselbeziehungen zwischen den einzelnen Umweltmedien aktiv be-

---

einer Demokratie ein belastendes und eingreifendes Recht zustande kommen und in großem Umfang Probleme, die noch nicht allgemein als solche angesehen werden, sozusagen im Vorgriff lösen können, da doch die die Rechtsetzung vom Bewußtsein der Gefahrenlage bei den Politikern und der Gesellschaft abhängt?

[147] Nachweise der einzelnen Gesetzgebungsschritte bei *Kloepfer*, Umweltrecht (Fn. 143), Umweltrecht, § 1 II.

[148] Dazu aus einer theoretischen Perspektive *Schulze-Fielitz* (Fn. 144), Abschnitt B.

[149] Zum Konzept der mittleren Abstraktionsebene *Wahl*, Die Aufgabenabhängigkeit (Fn. 102), S. 177, 211 ff.; *ders.*, Neues Verfahrensrecht für Planfeststellung und Anlagengenehmigung – Vereinheitlichung des Verwaltungsverfahrens oder bereichsspezifische Sonderordnung?, in: Blümel/Pitschas (Hrsg.), Reform des Verwaltungsverfahrensrechts, 1994, S. 83, 87–91.

[150] Das Zwischenglied zwischen den Gesetzen und der Einzelfallpraxis sind die sehr bedeutsamen Verwaltungsvorschriften, etwa die Technische Anleitung (TA) Luft und die Technische Anleitung (TA) Lärm.

[151] Stringent dargestellt bei *Breuer*, Umweltschutzrecht, in: Schmidt-Aßmann (Hrsg.), Besonderes Verwaltungsrecht, 13. Aufl. 2005, 5. Kapitel, Rn. 37 ff., 51 ff.; *ders.*, Entwicklungen des Europäischen Umweltrechts – Ziele, Wege, Irrwege, 1993.

rücksichtigen und die ökosystemaren Zusammenhängen aufgreifen, hat es aus eigenen Entwicklungsimpulsen nicht ausgebildet. Erst das europäische Gemeinschaftsrecht hat insofern mit seiner Trias: Projekt-UVP, Integrierte Genehmigung (IVU) und Plan-UVP den entscheidenden Anstoß zu einem neuen Kapitel gegeben, der aber bezeichnenderweise im deutschen Recht nur zögerlich und manchmal auch widerstrebend aufgenommen worden ist – zu sehr ist auch das Umweltrecht von seinem Anfang geprägt, von der Orientierung an den einzelnen Umweltmedien. Diese Orientierung hat sich tief eingegraben.

Die Neuerungen der Umweltpolitik seien anhand der hoheitlichen Kontrolle von emittierenden Industrieanlagen exemplifiziert. Nicht überraschend ist es, daß das innovative Bundesimmissionsschutzgesetz von 1974 zum einen an dem traditionellen Instrumentarium der Genehmigung anknüpfte, das sich seit seinem Beginn (preußische Gewerbeordnung von 1845[152]) als Regelungsfigur bewährt hat; demzufolge wurden die bisherigen §§ 16 ff. GewO durch die neue immissionsschutzrechtliche Genehmigung nach den §§ 5 und 6 BImSchG ersetzt. Das dogmatisch gut ausgebaute Genehmigungsrecht mit seinem Zentrum in der Figur der präventiven Genehmigungen und ihren Rechtsfolgen erleichterte die Regelungen in diesem wichtigen Bereich des neuen Umweltrechts erheblich. In dem Maße, in dem die immissionsschutzrechtliche Genehmigung zum Modell und zur Modellfigur der hoheitlichen Kontrolle im Umweltrecht wurde, teilte sich diese Leistungsfähigkeit auch den Regelungen in anderen Gesetzen mit.[153] Gleichberechtigt zur Kontinuität trat zum anderen die *Innovation*. Sie findet sich vor allem und am stärksten im neuen spezifischen inhaltlichen Maßstab, im *Vorsorgegebot*.[154] Mit ihm betrat das Umweltrecht erst richtig die Bühne der Neuerungen und versicherte sich seines Gegenstandes und seines Zentrums. Dieses Leitprinzip des Umweltrechts ist *die* große Entdeckung des Umweltrechts, es ist das Prinzip, das das Umweltrecht erst zu einem eigenen Rechtsgebiet macht.[155] Das Vorsorgeprinzip ist wesentlich durch die Erweiterung und Ausdehnung von Eingriffsbefugnissen in die Zone unterhalb der Gefahrenschwelle charakterisiert. Zu allererst wegen der

---

[152] Literatur zur preuß. Gewerbeordnung von 1845 und zur Gewerbeordnung für das Deutsche Reich von 1869 oben Fn. 140.

[153] Zum dogmatischen Konzept eines Genehmigungsrechts *Wahl*, FS GfU (Fn. 50), S. 237–265.

[154] Dazu neben der ausführlichen Behandlung in den Lehrbüchern und den Nachweisen in Fn. 155 *Rehbinder*, Prinzipien des Umweltrechts in der Rechtsprechung des Bundesverwaltungsgerichts: das Vorsorgeprinzip als Beispiel, in: FS Sendler, 1991, S. 269 ff.; *Wahl/Appel*, Prävention und Vorsorge. Von der Staatsaufgabe zur rechtlichen Ausgestaltung, in: Wahl (Hrsg.), Prävention und Vorsorge, 1995, S. 1–216.

[155] Dazu *Steiger*, Umweltrecht – ein eigenständiges Rechtsgebiet, AöR 117 (1992), S. 100; zur Entstehung des Vorsorgeprinzips *Schulze-Fielitz*, Das Bundesverwaltungsgericht als Impulsgeber (Fn. 131), S. 1061, 1070. Inhaltlich hat das Umweltrecht erst mit und durch das Vorsorgegebot den ihm eigenen spezifischen Maßstab erhalten, so zu Recht *Steiger*, ebd.

grundsätzlichen Aufnahme und Ausformulierung des Gedankens der Vorsorge, des Vorbeugens oder der Bekämpfung der Gefahren an der Quelle. Ähnliche Überlegungen rechtfertigen es auch, neben dem allbekannten großen Rechtsbereich des Gefahrenrechts, dem klassischen Polizeirecht, eine weitere eigene Abteilung des Verwaltungsrechts zu etablieren. Die immissionsschutzrechtliche Genehmigung ist Ausdruck beider Hauptlinien, da sie an das alte Verbot mit Erlaubnisvorbehalt einerseits anknüpft und andererseits das materielle Prüfungsprogramm von der Gefahrenabwehr zur umfassenden Vorsorge erweitert. Deshalb symbolisiert die immissionsschutzrechtliche Genehmigung den Schritt vom Polizeirecht zum Umweltrecht. In den letzten Jahrzehnten ist mit dem Nachhaltigkeitsgrundsatz ein ähnlich grundlegendes umweltrechtsspezifisches Prinzip hingekommen.[156] Die Landkarte der Prinzipien des Umweltrechts umfaßt so jetzt vier Reiche oder Abteilungen, den Nachhaltigkeitsgrundsatz, das Vorsorgeprinzip, das Verursacherprinzip und das Kooperationsprinzip.

3. Umweltrechtsdiskussion auf den drei Reflexionsebenen

Das Umweltrecht reagierte auf eine zentrale Änderung der Politik und damit nicht nur auf eine von vielen, sondern auf eine maßgebliche Herausforderung.[157] Dem entspricht es, daß auch bei ihm die rechtliche Bearbeitung und Durchdringung sich nicht nur als Detailarbeit an einem Gesetz und vorsichtige Veränderungen von überkommenen dogmatischen Figuren abspielte. Statt dessen findet sich auch im Kontext des Umweltrechts der schon bei der Planung beobachtete Analyse- und Reflexionsprozeß auf drei Ebenen wieder.

Grundlagenarbeit leisteten die Pioniere des Umweltrechts *Eckard Rehbinder, Heinhard Steiger* und *Michael Kloepfer*.[158] Als verwaltungsrechtliche Disziplin und als eigenes Rechtsgebiet[159] expandierte das Umweltrecht rasch,

---

[156] *Appel*, Staatliche Zukunfts- und Entwicklungsvorsorge. Zum Wandel der Dogmatik des Öffentlichen Rechts am Beispiel des Konzepts der nachhaltigen Entwicklung im Umweltrecht, 2005; *Baucamp*, Das Konzept der zukunftsfähigen Entwicklung im Recht, 2002; *Lange* (Hrsg.), Nachhaltigkeit im Recht, 2003.

[157] Immerhin standen hinter dem Umweltrecht das neue Selbstverständnis eines neuen Politikbereichs und hinter diesem eine gesamte Umweltbewegung, die sich im Aufkommen einer neuen Partei und der Karriere der Farbe Grün als Symbol für ein bedeutsames Problem zeigte.

[158] Erste Arbeiten von *Rehbinder*, Grundfragen des Umweltschutzes, ZRP 1970, S. 250 ff. (wohl die erste konzeptionelle ausgerichtete Arbeit); *ders.*, Umweltrecht, RabelsZ 40 (1976), S. 363 ff.; *Steiger*, Umweltschutz durch planende Verwaltung, ZRP 1971, S. 131 ff.; *Kloepfer*, Zum Umweltschutzrecht in der Bundesrepublik Deutschland, 1972. – Zu nennen sind außerdem: *Weber*, Umweltschutz im Verfassungs- und Verwaltungsrecht, DVBl. 1971, S. 806 ff.; *Kimminich*, Das Recht des Umweltschutzes, 1972; *Soell*, Rechtsfragen des Umweltschutzes, WiVerwR 1973, S. 72 ff.

[159] Dazu die Lehrbücher *Kloepfer*, Umweltrecht, 1. Aufl. 1989, 2. Aufl. 1998, 3. Aufl. 2004; *Hoppe/Beckmann*, Umweltrecht, 1. Aufl. 1989, *dies./Kauch*, Umweltrecht, 2. Aufl. 2000; *Sparwasser/Engel/Voßkuhle*, Umweltrecht, 5. Aufl. 2003 (mit ausführlichem Literaturverzeichnis S. 983–1008); *Koch* (Hrsg.), Umweltrecht, 2002; *Schmidt-Aßmann*,

einschließlich der Insignien der Anerkennung und Eigenständigkeit in der Form eigener Gesellschaften, Institute, Zeitschriften, Schriftenreihen, Lehrbücher und Monographien.[160] Ein umfangreiches Schrifttum und eine nicht minder produktive Rechtsprechung lieferten ein reichhaltiges Material für die Basisarbeit der dogmatischen Durchdringung einer großen Fülle von neuen Vorschriften. All dies war Arbeit am Entstehen des Umweltrechts als Gebiet des positiven Rechts, an der *ersten* Schicht oder Ebene im Gesamtaufbau des neuen Rechtsgebiets. Das starke Bestreben, den Umweltschutz zu verbessern, drückte dem Umweltrecht als Disziplin einen starken rechtspolitischen Akzent auf. War man gerade noch dabei, das geltende Recht erstmals zu interpretieren und erste Systematisierungsschritte zu machen, war längst wieder die rechtspolitische Diskussion für ein Weiterschreiten im Gange.

Der zentrale neue Gedanke des Umweltrechts ist das *Vorsorgeprinzip*. Wegen seiner Weite und Grundsätzlichkeit umfaßt es alle drei Ebenen; es ist Bestandteil des positiven Rechts (erstmals § 5 Nr. 2 BImSchG), es ist ein leitendes Prinzip des gesamten Rechtsgebiets; außerdem gehört der Vorsorgegedanke in seiner Grundsätzlichkeit der dritten Ebene der leitenden gesellschafts- und staatstheoretischen Ideen an. Nähere Kontur hat es im Art. 174 Abs. 2 EGV gefunden, nach dem die Umweltpolitik der Gemeinschaft „auf den Grundsätzen der Vorsorge und Vorbeugung, auf dem Grundsatz, Umweltbeeinträchtigungen mit Vorrang an ihrem Ursprung zu bekämpfen, sowie auf dem Verursacherprinzip" beruht.

Was diese Orientierung auf Rechtspolitik jenseits der zahlreichen Detailvorschläge bestimmte, gehört einer *zweiten* Ebene von Überlegungen im Umweltrecht an. Wenn die grundlegende Politik so sehr auf Verbesserungen aus war, dann mußte sie in der rechtspolitischen Diskussion eben auch diese Frage, nämlich die Frage nach geeigneten Mitteln und Ansätzen zur Verbesserung, in den Mittelpunkt stellen, also jenseits der interpretatorischen Arbeit am geltenden Gesetz Konzepte für die gewünschte Verbesserung entwickeln. Verstärkt wurde dieser immanente Impuls durch die empirische Erforschung des Vollzugsdefizits in der Umweltverwaltung und die wirkungsvolle Popularisierung dieser Ergebnisse.[161] Damit war die *Instrumenten-Diskussion* geboren,

---

Das allgemeine Verwaltungsrecht (Fn. 42), S. 113 ff. – Wichtig jetzt *Schulze-Fielitz* (Fn. 144), Abschnitte B und C mit Reflexionen über den Weg zum „Status" und zur Anerkennung eines eigenen Rechtsgebiets, dort auch zum Thema „Literaturgattungen als Schrittmacher der Anerkennung" (unter C).

[160] Umfangreich nachgewiesen und gewürdigt von *Schulze-Fielitz*, Umweltrecht (Fn. 144); *ders.,* Das Bundesverwaltungsgericht als Impulsgeber (Fn. 131), S. 1061; *ders.,* Notizen zur Rolle der Verwaltungsrechtswissenschaft für das Bundesverwaltungsgericht, Die Verwaltung 36 (2003), S. 421. Vgl auch *ders.,* Was macht die Qualität öffentlich-rechtlicher Forschung aus?, JöR 50 (2002), S. 1. – Die Etablierung des Umweltrechts zeigt sich auch in den jährlich stattfindenden Tagungen etwa in Trier, Osnabrück, Münster und Hamburg und in eigenen Schriftenreihen.

[161] Die Pionierschriften sind *Winter*, Das Vollzugsdefizit im Wasserrecht, 1975; *Mayntz* u.a., Vollzugsprobleme der Umweltpolitik, 1978; *Bohne*, Der informale

also das Nachdenken darüber, welche politischen und dann auch rechtlichen Instrumente geeignet seien, den Umweltschutz zu verstärken und zu vergrößern.[162] Diese Orientierungen brachten das Umweltrecht in einen viel größeren Diskussionszusammenhang, in das Gespräch mit den Wirtschaftswissenschaften, die eben dazu, zur Frage der geeigneten Instrumente, zahlreiche Arbeiten in der Umweltökonomie vorlegten, die auch generell die Geeignetheit der überkommenen Instrumente: Gebote, Verbote und Erlaubnisse in Frage stellten.[163] Im Horizont dieses Verbesserungsansatzes mußte das Umweltrecht seine Lehren, Figuren und Institute immer wieder umgruppieren, ändern, auch anders darstellen und neue Verbindungen herstellen. Dies geschah in der Systematisierung des Umweltrechts auf seine Instrumente hin; die großen Lehrbücher erhielten umfangreiche Kapitel und Systematisierungen nach der Art der Instrumente.[164] Diese Diskussion hat zugleich die Rechtspolitik bei ihrer Frage nach dem richtigen „Wie" der Regelung gefördert. Außerdem hat sie die Einsichten in die Wirkungsweisen einzelner Instrumente auf dem langen Weg von ihrer theoretischen Konzipierung über die partielle Rezeption in der Gesetzgebung bis zu den einzelnen Anwendungs- und Realisierungsschritten verbessert.

In einer weiteren Parallele zur Planungsdiskussion wurde auch im Umweltrecht eine *dritte* Ebene rechtlicher oder rechtsbezogener Erwägungen angestellt. Man definierte und begriff die Umweltpolitik und sein Recht als

---

Rechtsstaat, 1981; s. auch *Lübbe-Wolff*, Modernisierung des Umweltordnungsrechts, 1996, S. 1 ff. Aus der Lehrbuchliteratur z. B. *Sparwasser/Engel/Voßkuhle* (Fn. 159), § 2 Rn. 2. Das in den 70er Jahren entdeckte Vollzugsdefizit ist ein entscheidender Auslöser für die Neuorientierung eines Teils des Verwaltungsrechts unter dem Titel der „Neuen Verwaltungsrechtswissenschaft" (dazu unten C V 7). Zur Bedeutung des Vollzugsdefizits sei relativierend gesagt: Die empirischen Befunde zum Vollzugsdefizit beschreiben einen – unbestreitbaren – Sachverhalt, die Folgerungen daraus sind Interpretationen und unterliegen dem üblichen Prozeß von Meinung und Gegenmeinung. Folgerungen, die das grundsätzliche oder weitreichende Scheitern des bisherigen Rechts aus diesen Studien ableiten wollen, leiden grundsätzlich darunter, daß es keinen Maßstab dafür gibt, wann ein Vollzug angemessen und „gut" ist. Auch das Steuer- und das Sozialrecht haben ein großes Vollzugsdefizit. Es ist deshalb keinesfalls eine triviale Frage, ob gewisse Vollzugsergebnisse „gut" oder akzeptabel sind.

[162] Zur Instrumentendiskussion *Franzius*, Die Herausbildung der Instrumente indirekter Verhaltenssteuerung im Umweltrecht der Bundesrepublik Deutschland, 2000; dazu aus der Literatur in Lehrbüchern und Kommentaren: *Kloepfer* (Fn. 143), § 5; *Hoppe/Beckmann* (Fn. 159), § 6–9; *Sparwasser/Engel/Voßkuhle* (Fn. 159), § 2 III; *Kloepfer*, Instrumente des Technikrechts, in: Schulte (Hrsg.), Handbuch des Technikrechts, 2003, S. 111.

[163] *Voßkuhle*, Ökonomisierung des Verwaltungsverfahrens, Die Verwaltung 34 (2001), S. 347; *Sparwasser/Engel/Voßkuhle* (Fn. 159), S. 101 (jeweils mit umfassenden Nachweisen auch zur Literatur zur Umweltökonomie). Die Lehrbücher stellen die Instrumente nicht nur dar, sie räumen ihnen eine bedeutende Stelle in der Systematisierung des Umweltrechts ein.

[164] Siehe Fn. 159.

Ausdruck einer besonderen *Staatsaufgabe*[165], man stellte die geschichtliche Entwicklung hin zum Umweltrecht als eine Änderung der Wahrnehmung von Staatsaufgaben und der Erfindung einer neuen wichtigen Aufgabe dar – das Umweltrecht als Materie und die Umweltpolitik fanden sich auf der grundsätzlichen Ebene der wichtigen Staatsaufgaben wieder. Die Begriffe oder Konzepte: Umwelt, Vorsorge und Prävention wurden als Ausdruck von zentralen Aufgaben des Staates im letzten Drittel des 20. Jahrhunderts verstanden. In diesem Kontext überrascht es nicht, daß durch eine Verfassungsänderung das Staatsziel Umweltschutz (Art. 20a GG) eingeführt wurde.[166] In dieser Sicht erschien Umweltpolitik oder -schutz als Ausdruck eines besonderen Staatstyps – des *Umweltstaates*[167] oder des Staates der Zukunftsvorsorge.[168] Eine umfangreiche Publikationsreihe versammelte zahlreiche Beiträge unter diesem Vorzeichen. Umweltstaat und Umweltverfassungsrecht wurden zum Thema.[169] Insgesamt wurde so ein zweites Mal der lange und große gedankliche Zusammenhang abgeschritten, der von der einfachen Gesetzesnorm bis zum Kodifikations-Projekt eines Umweltgesetzbuches,[170] über die dabei verwendeten Instrumente bis zur Staatsaufgabe Umweltvorsorge und einem dazu gehörenden Umweltverfassungsrecht reichte.

---

[165] *Rauschning/Hoppe*, Staatsaufgabe Umweltschutz, VVDStRL 38 (1980), S. 167 ff.; *Hofmann*, Die Aufgaben des modernen Staates und der Umweltschutz. Vom Rechts- und Kulturstaat über den Sozialstaat zum Industrie- und Umweltstaat, in: Kloepfer (Hrsg.), Umweltstaat, 1989, S. 1 ff.

[166] Literatur zum Staatsziel Umweltschutz in den Grundgesetzkommentaren siehe vor allem *Murswiek*, in: Sachs (Hrsg.), Grundgesetz, 3. Aufl. 2003, Art. 20 a; *Epiney*, in: von Mangoldt/Klein/Starck, Kommentar zum Grundgesetz, Bd. 2, 5. Aufl. 2005, Art. 20a; *Schulze-Fielitz*, in: Dreier (Hrsg.), Grundgesetz-Kommentar, Bd. 2, 1998, Art. 20a.

[167] *Kloepfer* (Hrsg.), Umweltstaat, 1989; *Hofmann*, „Umweltstaat": Bewahrung der natürlichen Lebensgrundlagen und Schutz vor den Gefahren und Risiken von Wissenschaft und Technik in staatlicher Verantwortung, in: FS 50 Jahre BVerfG, 2001, S. 873 ff. (mit Verweis auf seine früheren Arbeiten); *Callies*, Rechtsstaat und Umweltstaat, 2001, S.153 ff.; *Wahl/Appel*, Prävention (Fn. 154), S. 13–24; *Steinberg*, Der ökologische Verfassungsstaat, 1998, jeweils mit weiteren Nachweisen; *Bosselmann*, Im Namen der Natur. Der Weg zum ökologischen Rechtsstaat, 1992; *Baumeister* (Hrsg.), Wege zum ökologischen Verfassungsstaat. Umweltschutz ohne Öko-Diktatur, 1994; *Wolf*, Der ökologische Rechtsstaat als prozedurales Programm, in: Roßnagel/Neuser (Hrsg.), Reformperspektiven im Umweltrecht, 1996, S. 57 ff.

[168] In der Begriffsbildung: Zukunfts- und Entwicklungsvorsorge werden die Nachhaltigkeit und die Generationengerechtigkeit konzeptionell miterfaßt und erarbeitet, grundlegend *Appel*, Staatliche Zukunfts- und Entwicklungsvorsorge, (Fn. 156).

[169] Dazu das Ladenburger-Kolleg „Umweltstaat" der Gottlieb-Daimler- und Karl-Benz-Stiftung ein von *Kloepfer* seit 1988 geleitetes Kolleg mit den „Studien zum Umweltstaat" mit 20 Bänden.

[170] *Kloepfer/Rehbinder/Schmidt-Aßmann u. Mitw. von Kunig*, Umweltgesetzbuch, Allgemeiner Teil, Berichte 7/90 des Umweltbundesamtes, 1991; *Jarass/Kloepfer/Kunig/ Papier/Peine/Rehbinder/Salzwedel/Schmidt-Aßmann*, Umweltgesetzbuch – Besonderer Teil, Berichte 4/94 des UBA, 1994; BMU (Hrsg.), UGB-KomE, 1998; Entwurf eines Gesetzes, gescheitert wegen (vorgeschobener) Kompetenzprobleme.

4. Zur Rolle der Rechtsprechung

Die Rechtsprechung war auf allen Gebieten des Umweltrechts aktiv.[171] Am meisten Aufmerksamkeit kam, wegen der politischen Umstrittenheit und dem daraus folgenden Umstand, daß deshalb jedes Atomkraftwerk meist durch alle Instanzen hindurch „beklagt" wurde,[172] dem Atomrecht zu. Die politischen Streitlinien setzen sich häufig auch ins juristische Schrifttum fort. Fragen der Vorsorge wurden hauptsächlich im Atomrecht behandelt,[173] bis das Bundesverwaltungsgericht schließlich im Wyhl-Urteil von 1985[174] seine endgültige „Dogmatik" zu den Problemkreisen: Vorsorge, Gefahrenverdacht und hypothetische Annahmen fand. Ebenso grundsätzlich hatte das Bundesverwaltungsgericht schon ein Jahr zuvor geklärt, daß Vorsorgemaßnahmen im Einzelfall, sollen sie nicht willkürlich oder unvorhersehbar sein, der Abstützung in einem umfasenderen (Handlungs)Konzept der Verwaltung bedürfen.[175] Erst die konzeptgebundene Vorsorge erwies sich als rechtsstaatlich gebändigt und konturiert.

Den größten Schub an rechtlicher Durchdringung bewirkte die Rechtsprechung mit der Anerkennung und Ausweitung der *Drittklagen* und der bei ihnen vorausgesetzten *subjektiv-öffentlichen Rechte der Nachbarn und Dritten*, eine der großen Neuerungen und Leistungen des Öffentlichen Rechts nach 1949. In diesem kontinuierlich sich entwickelnden Gesamtprozeß kam es wie sooft zu einem intensiven Zusammenspiel von Literatur und Gerichtsbarkeit: Auf die systematische Vorarbeit der Literatur folgte häufig die Anerkennung durch Gerichtsurteile und dann wiederum die Nachzeichnung und Systematisierung des umfangreichen Richterrechts.[176] Das Verfassungsrecht spielte dabei eine

---

[171] Zu den herausragenden Entscheidungen siehe die Nachweise in den nachfolgenden Fn.; außerdem zu Drittschutz im Wasserrecht, BVerwGE 78, 40; zu Pflanzenschutzrecht BVerwGE 81, 12 – Paraquat; Grenzüberschreitender Umweltschutz BVerwGE 75, 285; Verfassungsrechtliche Pflicht zur Vorsorge: BVerfG (Kammer), NJW 2002, S. 1638 – Mobilfunk; *Murswiek,* Ausgewählte Probleme des Allgemeinen Umweltrechts, Die Verwaltung 38 (2005), S. 154 ff.; (erste) Elektrosmog-Entscheidung BVerfG, NJW 1997, S. 2509, krit. dazu *ders.*, Umweltrecht und Grundgesetz, Die Verwaltung 33 (2000), S. 241, 250.

[172] BVerfGE 49, 89 – Kalkar; BVerfGE 56, 54 – Mülheim-Kärlich; BVerwG, NJW 1981, S. 1393; BVerwGE 70, 365 – Krümmel; BVerwG, DVBl. 1993, S. 1149 – KKW Emsland.

[173] Obwohl der normative Hauptort für das Vorsorgeprinzip § 5 I Nr. 2 BImSchG ist.

[174] BVerwGE 72, 300, 314 – Wyhl; dort in sehr konzentrierter Form Aussagen zur Vorsorge, zum Gefahrenverdacht und zu „bloß" theoretischen Überlegungen.

[175] BVerwGE 69, 37 – Heizkraftwerk (mit der wichtigen Anforderung, daß Vorsorge mit seiner Maxime der möglichst weitgehenden Minderung usw. konzeptabhängig ist, S. 44 ff.).

[176] Von Seiten hoher Richter (z.B. *Vallendar,* Planungsrecht im Spiegel der aktuellen Rechtsprechung des Bundesverwaltungsgerichts, UPR 1998, S. 81 ff.) wird immer wieder der Vorwurf laut, die Literatur folge nur nach dazu *Ronellenfitsch,* Fachplanung und Verwaltungsgerichtsbarkeit, in: FS Blümel 1999, S. 497; auch *Stolleis* im Hinblick auf Verwaltungsgerichtsbarkeit: „Sie trägt der Praxis nicht die Fackel voraus, sie folgt

besondere, oft nicht wahrgenommene Rolle (und zwar explizit in der Literatur, implizit in den Gerichtsurteilen). Auf dem langen Weg zur Erweiterung des Drittschutzes blieb der entscheidende Maßstab, die Schutzzwecktheorie,[177] immer der gleiche. Aber die Ergebnisse begünstigten den Drittschutz. Der Grund für diese eindeutige Richtung lag beim Einfluß der Grundrechte, sei es explizit wie meistens in der vorwärtsdrängenden Literatur, sei es immanent in der Art der Interpretation der alles entscheidenden Schutzzwecke der Gesetze durch die Rechtsprechung. Wo der Wortlaut des Gesetzes und der ursprüngliche (meist kaum erkennbare) Zweck die Dritten nicht mit subjektiven Rechten ausgestattet hatte, fand die Rechtsprechung durch Interpretation, daß einige Dritte in den Schutzbereich einbezogen seien. Unangesprochen stand dahinter die Überlegung, daß sonst die entsprechende Gesetzesnorm verfassungswidrig wäre, weil sie die berechtigten Interessen der Dritten und Nachbarn nicht zu subjektiven Rechte verstärkt hätte. Diese explizite Überlegung mußte nicht angestellt werden, weil insbesondere die Rechtsprechung bald und immer weiter fortschreitend die Schutzzwecke der Gesetze ausdehnend interpretierte.[178] Im Ergebnis wurden die gesamte Thematik des Dritten im Verwaltungsrecht und die grundsätzliche subjektiv-rechtliche Berechtigung des Dritten ohne verfassungsgerichtliches Urteil, ohne Vorlage an das Bundesverfassungsgericht allein durch Interpretation der Verwaltungsgerichte und der Literatur erreicht. Die unzweifelhaft vorhandene verfassungsrechtliche Einwirkung wurde nicht explizit dargestellt, sie leitete aber den Prozeß der Ausweitung der Schutzzwecke. (Als Folgeproblem der Ausweitung der Drittberechtigungen tauchten bald Massenverfahren und Massenklagen auf,[179] die das Verwaltungsverfahren und das Verwaltungsprozeßrecht vor beträchtliche Herausforderungen stellten.)

---

ihr nach und trägt ihre Schleppe.", *Stolleis*, Verwaltungsrechtswissenschaft (Fn. 2), S. 257. Vertiefte Untersuchungen fehlen; wahrscheinlich sind die Wechselbeziehungen zwischen Gerichten und Literatur doch komplizierter, als die eingängigen Formeln suggerieren.

[177] Aus der umfangreichen Literatur *Wahl*, in: Schoch/Schmidt-Aßmann/Pietzner (Hrsg.), VwGO Kommentar, Stand 1996, Vorb. § 42 II Rn. 45 ff.

[178] Am Ende der Entwicklung kann *Schmidt-Preuß*, Kollidierende Privatinteressen im Verwaltungsecht: das subjektive Öffentliche Recht im multipolaren Verwaltungsrechtsverhältnis, 1992 (2. Aufl. 2005) feststellen, daß überall dort, wo in einem horizontalen Verhältnis unterschiedliche Interessen von Eigentümern aufeinandertreffen, auch der Nachbar subjektiv-öffentliche Rechte haben muß. Dies ist dann eine zutreffende Interpretation, ersichtlich aber auch eine Interpretation, die sich nicht mehr um den Schutzzweck, so wie ihn das Gesetz wohl ursprünglich gewollt hatte, kümmerte, sondern den Gesetzeszweck, so wie er unter Berücksichtigung der Grundrechte sein müßte, zugrunde legte.

[179] *Blümel*, Masseneinwendungen im Verwaltungsverfahren, in: FS Weber, 1974, S. 539 ff. und die Kommentare zu §§ 17–19 VwVfG, z.B. *Bonk/Schmitz*, in: Stelkens/Bonk/Sachs (Hrsg.), VwVfG, 6. Aufl. 2001.

5. Komplexe Entscheidungen im Umweltrecht

Ein wichtiges Charakteristikum für die durch umweltstaatliche Gesichtspunkte geprägte umweltrechtliche Genehmigung ist generell ihr *komplexer* Charakter.[180] Ein deutliches Indiz dafür ist die rasche Karriere des Begriffs der komplexen Entscheidung in den 70er Jahren.[181] Durch ihn sind die umfangreichen Planfeststellungen im Infrastrukturbereich und die Genehmigungsentscheidungen für industrielle Anlagen gekennzeichnet. Der komplexe Charakter vergrößert die Informationsprobleme im Hinblick auf die tatsächliche Lage, den „Sachverhalt"; er steigert wegen der zunehmenden Zahl von Betroffenen auch das Konfliktpotential. Im Umfeld des Vorsorgeprinzips kommt es wegen der Vorverlagerung des Schutzes außerdem zu Schritten ins Ungewisse und Unsichere,[182] die sogleich beim Risikoverwaltungsrecht in größerem Zusammenhang aufgegriffen werden.[183] Insgesamt wurde die Verwaltung schrittweise immer mehr von Fachwissen und von Prognosen abhängig. Die komplexen Entscheidungen vergrößerten den Verfahrensaufwand, den Problemstoff und die Konfliktgeneigtheit. Insbesondere in atomrechtlichen Genehmigungen wurde die Belastbarkeit der Genehmigung als Institut in der Größendimension getestet. Letztlich aber spiegeln die Schwierigkeiten der komplexen Entscheidungen und der Massenverfahren nur die Kompliziertheit der Vorhaben in technischer Hinsicht und im Hinblick auf ihre sozialen Auswirkungen wider.

---

[180] Eine technische Anlage mit hohem Schornstein kann man zunächst als Anlage mit eng gefaßtem unmittelbarem Einzugsbereich und als in ihren Auswirkungen einigermaßen überschaubar halten. Die gleichwohl bestehende Ausdehnung, die nicht exakt vorhersehbaren Auswirkungen, die nicht genau zu definierenden Gefahrenlagen – all diese Unterschiede kommen erst ins Spiel, wenn man die Anlage in ihren realen Auswirkungen umfassend und gesamthaft betrachtet. Das ist, wie gezeigt, eine Frage der Perspektive und der Betrachtung. Nimmt man die richtige Perspektive ein, dann ist die Anlage ein komplexes Vorhaben, weil sie über ihren hohen Schornstein sehr weite Auswirkungen auf viele Umweltgüter hat. So sind das Entstehen des Bewußtseins von der Komplexität und das Thema der Großvorhaben zum großen Teil Bewußtseinsphänomene und eine Folge der angemessen umfassenden Beobachtung, während der davorliegenden Jahre der verengten Beobachtung geradezu als rechtlich leichte Zeit verstanden werden könnten, was aber offensichtlich auf einer unzutreffenden Perspektive bestand.

[181] *Schmidt-Aßmann*, Verwaltungsverantwortung und Verwaltungsgerichtsbarkeit, VVDStRL 34 (1976), S. 223 ff., 269; *Wahl*, Rechtsfragen (Fn. 116), Bd. 1, 1978, S. 42 f.; *Di Fabio*, Risikoentscheidungen (Fn. 42), S. 24 ff. (Herausforderungen des Verwaltungsrechts durch komplexe Entscheidungen).

[182] Wo nämlich das relativ konturierte Feld einer handfesten und auch anschaulichen Gefahr verlassen wird, geraten die staatlichen Interventionen und ihre Instrumente in ein unübersichtliches Feld von meist komplexen Zusammenhängen. Ob gewisse Situation oder Eigenschaften zu schädlichen oder bedenklichen Erfolgen führen können, ist typischerweise nicht sicher; auch die Kausalzusammenhänge sind nicht nur schwierig zu bestimmen, sie sind häufig ungewiß, sie verlaufen (sich) in der Komplexität der Verknüpfungen. Umweltrecht, wie auch das Gesundheitsrecht, wandeln sich hier in ein Risikoverwaltungsrecht.

[183] C IV 3 und 4.

Was kompliziert ist, kann durch geschicktes Arrangement etwas weniger kompliziert werden, es kann aber nicht wirklich einfach gemacht werden.

Rechtlichen Niederschlag fand die Eigenart der komplexen Entscheidung auch in der Ausweitung ihres Entscheidungsprogramms. Neben den Bestimmungen der Umwelt- und Technikgesetze sind es die vielen konkretisierenden Normen auf den untergesetzlichen Ebenen, kulminierend in den vielen Bestimmungen der Verwaltungsvorschriften und der technischen Normung. Es kennzeichnet diese Beschreibung und gehört in diesen Zusammenhang, daß die Problematik technischer Normen und technischer Standards eine immer größere Beachtung und Bedeutung erhält. Mit der „Erfindung" der sog. normkonkretisierenden Verwaltungsvorschriften versuchte sich die Rechtsprechung aus den Schwierigkeiten eines exponentiell angewachsenen Kontrollumfangs und zu kontrollierender technischer Umstände und Details zu befreien.[184] Damit wurde unter der Hand und ohne weitere Theoretisierung das Dogma von der vollen gerichtlichen Überprüfung zum Teil aufgegeben, für einen Teil der Richter und der Literatur ein positiver Nebeneffekt, für andere ein Sündenfall.

Im Bereich technikbezogener Regulierung haben das Umweltrecht und das anschließend zu behandelnde Technikrecht einen Überschneidungsbereich. Beide Rechtsgebiete haben insofern eine Eigenart gemeinsam, die man Szientifizierung des Verwaltungshandelns nennen kann und die sich in der regelmäßigen und verstärkten Einbeziehung von *Sachverstand* zeigt. Beide haben grundsätzlich, nicht nur sporadisch mit Unsicherheiten und Ungewißheiten zu kämpfen – der Anteil des Sachwissens, und zwar des über das Alltagswissen hinausgehenden, nur wissenschaftlich zu analysierenden Fachwissens, der Untersuchungen und Prognosen vergrößert sich dramatisch. So sind das Umwelt-, Technik- und Gesundheitsrecht die wichtigsten Anwendungsfälle für das Sachverständigenproblem[185] geworden: Die Sachprobleme sind so komplex und in ihrer Reaktionsweise so unsicher, daß die Heranziehung wissenschaftlichen oder technischen Sachverstands zum ständigen Begleiter der Verwaltungstätigkeit wird. Deshalb sind diese Gebiete auch von Anfang an und aus der Natur der Sache heraus interdisziplinär.[186] Aus dem Sach-

---

[184] *Wahl*, Risikobewertung der Exekutive und richterliche Kontrolldichte, NVwZ 1991, S. 409 ff. Von den Kritikern dieser Figur sei hier *Schulze-Fielitz*, Technik und Umweltrecht, in: Schulte (Hrsg.), Handbuch des Technikrechts, 2003, S. 474 ff. m.w.N., erwähnt.

[185] Umfassend jetzt dazu *Voßkuhle*, Die sachverständige Beratung des Staates, in: Isensee/Kirchhof (Hrsg.), Handbuch des Staatsrechts, Bd. 3, 3. Aufl. 2005, § 42; s. auch *Schulze-Fielitz*, Technik (Fn. 184), S. 449: „Die Verselbständigung technischen und naturwissenschaftlichen Sachverstands"; *Scholl*, Der private Sachverständige im Verwaltungsrecht, 2005; *Fehling*, Verwaltung zwischen Unparteilichkeit und Gestaltungsauftrag, 2001; *Seidel*, Privater Sachverstand und staatliche Garantenstellung im Verwaltungsrecht, 2000. – Eine entscheidende Frage, an der Sachverständige zentral mitwirken, lautet: wann ist sicher sicher genug?

[186] Dazu hier nur *Salje*, Technikrecht und Ökonomische Analyse, in: Schulte,

verständigenproblem entsteht dann die sehr schwierige und dauerhaft kaum zu lösende Aufgabe, die Bereiche von verantwortlicher Entscheidung durch Politik und Verwaltung einerseits und technischem Sachverstand andererseits einander so zuzuordnen, wie es die Effektivität des Handelns, aber auch die Legitimierbarkeit der Entscheidungen erfordern.

6. Verfassungsgeprägtheit des Umweltrechts

Auch im Umweltrecht trat das Öffentliche Recht in seiner Doppelgestalt als Verwaltungs- und Verfassungsrecht zutage. Seine *Verfassungsgeprägtheit* soll hier exemplarisch zum Beleg der Grundaussage aufgezeigt werden. Im Umweltrecht ist der verfassungsrechtliche Anteil sogar in einem eigenen *Umweltverfassungsrecht* verselbständigt worden – ein klares Zeichen für die Bedeutsamkeit der Verfassung im Umweltrecht. Die Lehrbücher widmen diesem sektorialisierten Verfassungsrecht, wie man es nennen könnte, breiten Raum. Dabei geht es überwiegend um die Anwendung von Grundrechten und Verfassungsprinzipien im Umweltrecht, zum anderen um umweltspezifische Inhalte des Verfassungsrechts wie bei der Staatszielbestimmung des Art. 20a GG. Zur ersten Gruppe gehören die Grundrechtsprobleme. Sie waren und sind im Umweltrecht sehr präsent, sowohl in der Abwehr- wie in der Schutzdimension. Die andere Gruppe, das umweltspezifisches Verfassungsrecht, hat ihren Niederschlag in Art. 20a GG gefunden. Die lang diskutierte und umkämpfte Verfassungsänderung[187] ist jedenfalls darin bedeutsam, daß sie das Thema des Schutzes der Umwelt zum Verfassungsthema gemacht hat. Dies war durchaus notwendig. Denn die Grundrechte regeln Beziehungen der Menschen zum Staat und zu anderen Menschen, nicht aber das Verhältnis des Menschen zu seiner Umwelt (oder Mitwelt, wie es auch formuliert wurde). Als genuin umweltbezogene Aussage war das Staatsziel zeitlich nicht vor dem Gesetzesrecht da. Das in den Verfassungstext aufgenommene Staatsziel ist eher eine nachträgliche Erhebung der im einfachen Umweltrecht zum Ausdruck kommenden Schutzziele und der grundsätzlichen staatlichen Verantwortung.

Die Verfassungsgeprägtheit der einzelnen Umweltgesetze zeigt sich beim *Bundesimmissionsschutzgesetz* auch und gerade beim Vorsorgebegriff. Eine innere Begrenzung der staatlichen Befugnisse ist auch bei diesem umweltrechtlichen Zentralbegriff, der eine wichtige Erweiterung staatlicher Eingriffsmöglichkeiten enthält, notwendig. Eine uferlose Vorsorge, die ihr Eingriffsniveau immer weiter nach unten oder vorne verschiebt, kann es nicht geben; es wurde auch ernsthaft von niemand vertreten.[188] Mit einer geglückten Begriffsbildung

---

Technikrecht (Fn. 184), S. 73–110; *Vec*, Kurze Geschichte des Technikrechts. Von den Anfängen bis zum Ersten Weltkrieg, in: Schulte, Technikrecht (Fn. 184), S. 3–60.

[187] Dazu und zu den Interpretationsproblemen s. die Kommentierungen zu Art. 20 a GG mit vielen Nachweisen.

[188] Der juristische Kampf gegen die Vorsorge wurde unter dem suggestiven und deshalb nicht hilfreichen Vorzeichen „Keine Vorsorge ins Blaue hinein" geführt.

haben Literatur und Rechtsprechung die (verfassungs- und einfachrechtlichen) Anforderungen für die Vorsorge als Besorgnisanlaß bezeichnet. Vorsorge ist zulässig, wenn es einen, auch durch wissenschaftliche Anhaltspunkte nahegelegten Besorgnisanlaß gibt.[189] Eine kurze, aber heftige verfassungsrechtliche Kontroverse gab das Bundesimmissionsschutzgesetz auch in seiner Regelung über die Betreiberpflichten (§ 5 BImSchG) und die nachträglichen Anordnungen (§ 17 BImSchG) einer zentralen umweltrechtlichen Bestimmung, mit großer praktischer Bedeutung für die Nachrüstung alter Anlagen.[190]

Das Atomrecht als *das* politisch umstrittenste Rechtsgebiet im Umweltrecht überhaupt, wurde gerade deshalb von einem verfassungsrechtlichen Dauerdiskurs begleitet. Die Schutzpflicht gegenüber den Menschen in der Umgebung der Anlage einerseits und die Grundrechte der Betreiber andererseits waren in nahezu jede einfachrechtliche Fragestellung involviert. Die Grundrechte wurden ständig in die einfachrechtlichen Anwendungsprobleme hineingespiegelt. Dies geschah oft selektiv und parteilich, aber in der Summe der Streitparteien kam so das Verfassungsrecht vollständig auf den Entscheidungstisch.[191] Von den Gerichten wurde etwa entschieden, ob die Kernkraft überhaupt zulässig ist, ob die Genehmigung im Ermessen stehen darf, wie weit die Reichweite von nachträglichen Anordnungen geht. Im Ergebnis ist das Atomrecht das verfassungsdurchwirkte Rechtsgebiet par exellence.[192] Das Wasserrecht, ein traditionelles Rechtsgebiet, erhielt durch den WHG-Beschluß des Bundesverfassungsgerichts[193] eine vertiefte Grundlegung und klare Ausrichtung.

7. Umweltrecht als von Anfang an europäisiertes Recht

Einer erneuten Erwähnung und Hervorhebung bedarf die Feststellung, daß das Umweltrecht, kaum daß es im nationalen Recht aufgegriffen und systematisch ausgebildet wurde, rasch unter dem wachsenden Einfluß des Gemeinschafts-

---

[189] Unter dieser Schwelle, wenn es nur um spekulative Kausalverläufe geht, kann Vorsorge dagegen nicht eingreifen.

[190] *von Mutius*, Bestandsschutz bei Altanlagen, in: Umwelt/Verfassung/Verwaltung (Veröff. d. Instituts f. Energierecht zu Köln), Bd. 50, 1982, S. 203 ff.; *ders.*, Immissionsschutzrechtliche Vorsorge und Bestandsschutz bei Altanlagen. Rechtsgutachten im Auftrag des VDE, 1982; das Gutachten wurde grundsätzlich kritisiert von *Sendler*, Wer gefährdet wen: Eigentum und Bestandsschutz den Umweltschutz – oder umgekehrt?, UPR 1983, S. 33 ff. und 73 ff.; *Sach*, Genehmigung als Schutzschild, 1994, S. 95 ff., 100 ff. Bei § 17 BImSchG wurde exemplarisch das Thema Bestands- und Vertrauensschutz und Betreiberpflichten durchgespielt und die partielle Offenheit des Eigentumsgrundrechts erwiesen.

[191] *Wahl*, Genehmigungstatbestand und Dynamisierung der Schadensvorsorge, in: Ossenbühl (Hrsg.), Deutscher Atomrechtstag 2004, 2005, S. 15 ff.

[192] Zu diesem Ergebnis hat auch der Umstand beigetragen, daß das Atomgesetz relativ alt (1959) ist und wegen weniger politischen Kontroversen nicht wirklich novelliert werden konnte. Das Nachtragen war so dem Richterrecht überlassen.

[193] BVerfGE 58, 300.

rechts stand (Umweltrecht als europäisiertes Recht; Umweltrecht als Verbund von Gemeinschafts- und nationalem Recht). Das Luftreinhaltungs- und das Wasserrecht liefen so gesetzgeberisch parallel, natürlich mit Vorrang des Gemeinschaftsrechts und Pflicht zur Umsetzung. Durch das starke Anwachsen des Gemeinschaftsrechts – es gibt eine eigene selbständige Kompetenz der EU in Art. 174 EGV – ist das deutsche Umweltrecht in hohem Maße zu einem Umsetzungsrecht und der deutsche Gesetzgeber zu einem Umsetzungsgesetzgeber geworden. Viele und sehr viele Vorschriften in den deutschen Gesetzen stammen in ihrem Inhalt, vor allem in ihren „Zwecken"[194] und Konzepten aus dem Gemeinschaftsrecht. Deutsches Umweltrecht ist zeitlich und inhaltlich in den Takt der Umsetzungsverpflichtungen geraten. Gesetzgebung geschieht immer seltener aus eigenen Entschlüssen und Konzepten, sondern sie folgt nachvollziehend und umsetzend dem Gemeinschaftsrecht, häufiger auch im defizitären Modus der verspäteten Umsetzung.

Der europäische Einfluß hat sich seit Anfang der 70er Jahre nicht nur quantitativ vergrößert, er hat sich auch qualitativ verändert.[195] Standen am Anfang Richtlinien zur Luftreinhaltung, die andere Grenzwerte vorsahen, so folgten bald die primärrechtliche Grundlegung des Umweltschutzes,[196] dann Richtlinien, die eigene legislatorische Konzepte verfolgten (Bezug auf die Umwelt als ganze, Berücksichtigung der Wechselwirkung, integrierte Genehmigungen). Sie griffen in den Bestand des deutschen Rechts natürlich sehr viel tiefer ein, sie wurden die eigentliche Herausforderung der Europäisierung. Vom Europarecht kamen jetzt nicht bloß andere Einzelregelungen, sondern andere systematische Konzepte, die sich – natürlich – nicht so einfach oder reibungslos einfügen ließen. Dieses Thema beherrschte die Umsetzungsdiskussion bei der UVP-Richtlinie, bei der IVU-Richtlinie und jetzt bei der Richtlinie zur Informationsfreiheit.

---

[194] Art. 249 III EGV: „Die Richtlinie ist für jeden Mitgliedstaat, an den sie gerichtet wird, hinsichtlich des zu erreichenden Zieles verbindlich, überläßt jedoch den innerstaatlichen Stellen die Wahl der Form und der Mittel."

[195] Zum Anpassungsdruck und zu den alternativen Strategien, darauf zu reagieren, am Bespiel des Genehmigungsrechts; *Wahl*, Genehmigungs- und Umweltrecht (Fn. 50), S. 248 ff.

[196] Art 174 EGVV zum Vorsorgeprinzip im Europarecht und im internationalen Recht (precautionary principle) *Appel*, Europas Sorge um die Vorsorge, NVwZ, 2001, S. 395 ff.; *ders.*, Staatliche Zukunfts- und Entwicklungsvorsorge, (Fn. 156), S. 199 ff., 202 ff., zur Vorsorge im Völkerrecht, S. 217 ff., 227 ff.; *Erben*, Das Vorsorgegebot im Völkerrecht, 2005 (mit den einschlägigen Bereichen völkerrechtlicher Vertragspraxis im Meeresumweltschutz, Schutz der Ozonschicht, Klimaschutz, Hochsee-Fischerei, Umgang mit GVO, gesundheitspolizeiliche und Pflanzenschutzmaßnahmen in der WTO); *O'Riordan/Cameron*, Interpreting the precautionary principle, 1994; *Rehbinder*, Das Vorsorgeprinzip im internationalen Vergleich, in: Battis/Rehbinder/Winter (Hrsg.), Umweltrechtliche Studien, Bd. 12, 1990.

IV. Risiko

1. Das Risiko als neuer Zentralbegriff

In den 80er Jahren kündigte die zunehmende Karriere des *Risiko*begriffs[197], das Aufkommen eines neuen Zentralbegriffs, einen neuen Problemschwerpunkt, vielleicht auch einen neuen Verwaltungstyp[198] an; die Neuprägung des „*Risikoverwaltungsrechts*"[199] geht jedenfalls in diese Richtung. Das Heimischwerden des in den Naturwissenschaften lange schon bekannten Risikobegriffs im Recht hatte seinen Anfang in der punktuellen Verwendung im Umweltrecht (zuerst als Restrisiko im Atomrecht), es folgte ein langsames Hinüberwandern in die Rechtsmaterien, die man als Umwelt- und Technikrecht[200] bezeichnete, die sich hierdurch dem Anwendungsbereich eines Risiko(verwaltungs)rechts viel weiter öffneten und insbesondere das Arzneimittel-, das Lebensmittel- und das Gentechnikrecht sowie das Recht anderer moderner Technologien erfaßte. Kreiert wurde das Risiko als neuer Rechtsbegriff, der seinen Niederschlag in manchen positiven Gesetzen (so insbesondere im Gentechnikgesetz, § 6[201]),

---

[197] *Wahl/Appel,* Prävention und Vorsorge (Fn. 154), S. 84 ff., 92 ff., 106 ff., *Wahl,* in: Landmann/Rohmer, Umweltrecht, Bd. IV, Vorb. GenTG Rn. 10–20; § 6 Rn. 32–72; *ders.*, Risikobewertung und Risikobewältigung im Lebensmittelrecht, ZLR 1998, S. 275 ff. – Zum Ganzen auch *Dietrich Murswiek* und *Bernhard Schlink,* Die Bewältigung der wissenschaftlichen und technischen Entwicklungen durch das Verwaltungsrecht, VVDStRL 48 (1990), S. 208 ff., 235 ff. Aus der umfangreichen Diskussion, jeweils mit Nachweisen, zum Beginn und derzeitigen Stand der Diskussion *Scherzberg*, Risikosteuerung durch Verwaltungsrecht: Ermöglichung oder Begrenzung von Innovationen?, VVDStRL 63 (2004), S. 214 ff.; *Lepsius*, ebd., S. 264 ff.; *Stoll*, Sicherheit als Aufgabe von Staat und Gesellschaft, 2003; *Böhm*. Risikoregulierung und Risikokommunikation als interdisziplinäres Problem, NVwZ 2005, S. 609; *Kahl*, Risikoverantwortung als Teil der Innovationsverantwortung, DVBl. 2003, S. 1105 ff.; *Schulze-Fielitz*, Technik (Fn. 184), S. 443.

[198] Näher dazu *Wahl*, Risikobewertung (Fn. 197), S. 278–291; UGB-KomE (Fn. 170), S. 439. § 2 des Entwurfs enthält ausdrückliche Definitionen der Begriffe „Gefahr" und „Risiko". Danach ist Risiko „die Möglichkeit des Eingriffs einer nicht nur geringfügigen nachteiligen Einwirkung auf ein Schutzgut dieses Gesetzbuchs, soweit sie nicht praktisch ausgeschlossen erscheint". § 2 Nr. 6 definiert zunächst das Umweltrisiko und bestimmt dann die „Umweltgefahr" als „dasjenige Umweltrisiko, welches unter Berücksichtigung des Grades seiner Eintrittswahrscheinlichkeit und des möglichen Schadenumfanges nicht mehr hinnehmbar ist". – *Schlacke*, Risikoentscheidungen im europäischen Lebensmittelrecht, 1998.

[199] *Di Fabio* (Fn. 42).

[200] Begriffsverwendung von *Kloepfer*, der auch speziell über das Technikrecht publiziert hat, z. B. *ders.*, Technikentwicklung und Technikrechtsentwicklung, 2000; *ders.*, Technikumsteuerung als Rechtsproblem, 2002; *ders.*, Technik und Recht im wechselseitigen Werden, 2002; *ders.*, Kommunikation – Technik – Recht, 2002.; *Schulte* (Hrsg.), Handbuch des Technikrechts, 2003.

[201] *Wahl*, in: Landmann/Rohmer, Umweltrecht, Bd. IV, GenTG § 6, Rn. 13 ff., 25 ff.

in dem Kodifikationsprojekt des Umweltgesetzbuches (UGB-K)[202] und in der systematisierenden Literatur[203] fand.

Bemerkenswert ist, daß sich mit der Anerkennung des früher als naturwissenschaftlich verstandenen Begriffs des Risikos im Recht zugleich ein ganz weites Begriffsfeld etablierte. Der Leitbegriff des Risikos war rasch von, man könnte sagen, Begriffsabkömmlingen umgeben, wie der Risikoermittlung, der Risikowahrnehmung, der Risikoverarbeitung und der Risikoabschätzung.[204] In diesen Begleitbegriffen wird schon das entscheidende Kennzeichnen des Risikorechts (des Risikoparadigmas) deutlich. Im Vordergrund stehen *prozedurale* Konzepte, Methoden der Ermittlung und Techniken der Abschätzung des Risikos, der Festlegung des Kompetenten und der Sachverständigen, die bei diesen Abschätzungen mitwirken. Die rechtliche Regelung hat ihren Schwerpunkt nicht direkt oder unmittelbar bei der Frage, wie hoch ein Risiko sein darf, sondern sie zielt meist darauf, wer mit welchen Methoden und unter Heranziehung welchen Sachverstandes feststellen darf, ob das Risiko im konkreten Fall eingegangen werden kann.[205] Indiziert der Begriff des Risikos auf den ersten Blick eine materielle Schwelle, bis zu der ein Verhalten zulässig ist, so löst sich beim näheren Hinsehen die – meist unentscheidbare oder nicht regelbare – materielle Frage in Verfahrens- und Zuständigkeitsregeln auf, in denen festgelegt wird, wie man zu einem Ergebnis kommen kann.

2. Vom Rechtsbegriff Risiko zum Recht der Risikogesellschaft

Die Karriere des Risikobegriffs im Recht zeigt ähnlich, wie dies beim Umweltbegriff der Fall gewesen war, eine neue Betrachtungsweise und eine neue Dimension der Wahrnehmung. Natürlich kannte das gesamte Sicherheits- und Polizeirecht den elementaren Umstand, daß die Zukunft ungewiß ist und daß in der ungewissen Zukunft Gefahren drohen. Das Hinzutreten des *neuen Zentralbegriffs des Risikos* zum traditionellen Konzept der Gefahren(abwehr) indiziert eine Änderung des Bewußtseins. Der neue Begriff antwortet auf die gestiegene Komplexität der technischen Vorgänge einerseits und den wahrgenommenen Auswirkungen auf die Umwelt und Umgebung andererseits.

---

[202] UGB-KomE (Fn. 170), § 2 Nr. 4 und 5, dazu S. 439–442.

[203] Siehe auch Fn. 197.

[204] *Schlacke*, Risikoentscheidungen im europäischen Lebensmittelrecht, 1998, S. 20–43, 136, 154, 253 ff.; *Falke*, Institutionen zur Risikobewertung und Risikomanagement im In- und Ausland, 2003; *Böhm*. Risikoregulierung und Risikokommunikation als interdisziplinäres Problem, NVwZ 2005, S. 609; *Appel*, Staatliche Zukunfts- und Entwicklungsvorsorge (Fn. 156), S. 164–166, s. auch. *Di Fabio* (Fn. 42), S. 128 ff., 142 ff.–145, 154 ff.

[205] Das Recht kann mangels gehaltvoller Maßstäbe wenig zur Beantwortung der Frage beitragen, wie hoch das Risiko sein kann; das Recht kann aber, und dies tut es offensichtlich, bestimmen, wer mit welchen Methoden und unter Heranziehung welchen Sachverstandes feststellen darf, ob das Risiko im konkreten Fall eingegangen werden kann.

Unsicherheit und *Ungewißheit* avancieren zu neuen Zentralbegriffen.[206] Es werden jetzt viel längere und kompliziertere Kausalverhältnisse ins Blickfeld genommen; die Auswirkungen des Handelns werden in mehr Bereichen und Dimensionen verfolgt. In ähnlicher (oder abgeschwächter) Form, wie oben bei der Planung und in der Umweltpolitik analysiert, läßt sich auch hier ein mehrschichtiger Prozeß der Reaktion auf diese Bewußtseinsveränderung feststellen, an dessen Ende die Selbstwahrnehmung der Gesellschaft als Risikogesellschaft steht.

In einer *ersten* Schicht oder Ebene der juristischen Arbeit muß das Risiko, so wie der Begriff in neuen Rechtsvorschriften auftaucht, für die Gesetzesanwendung und die Rechtspraxis dogmatisch interpretiert werden. So hat z.B. die Sachverständigenkommission für ein UGB das einfache Risiko (Produkt aus Eintrittswahrscheinlichkeit und Schadenshöhe) und die Gefahr als qualifiziertes Risiko unterschieden.[207] Sichtbar wird dabei, daß Rechtsgebiete, die zunächst sehr unterschiedlich und weit von einander entfernt scheinen, wie das Gentechnikrecht oder das Lebensmittelrecht und das Arzneimittelrecht durch den neuen zentralen Begriff eine systematische Gemeinsamkeit erhalten haben und zu einem kohärenten Problembereich geworden sind. Die Einsicht darin erleichtert den Austausch von Lösungen und das systematische Erkennen.

Auf einer *zweiten* Ebene müssen dann die Eigenarten dieses gemeinsamen Rechtsgebietes oder Rechtsfeldes in den Mittelpunkt treten. Daß dazu Innovationen notwendig sind, zeigt sich schon im Untertitel der Pionierarbeit von *Udo Di Fabio*, Risikoentscheidungen im Rechtsstaat: Zum Wandel der Dogmatik im Öffentlichen Recht.[208]

Sehr rasch fand sich auch die oben erwähnte *dritte* Ebene in der Behandlung dieser Rechtsmaterien, nämlich das Nachdenken über eine besondere Staatsaufgabe, über Wandlungen des Staates und seines Aufgabenverständnisses. Auf der Grundlage der soziologischen Überlegungen vor allem von *Ulrich Beck* mit dem damals zündenden Begriff der Risikogesellschaft[209] werden Vorstellungen über die Aufgabe des Staates zur Risikovorsorge entwickelt; *Risiko- und Zukunftsvorsorge* wird vor allem von *Ivo Appel* umfassend als neue Staatsaufgabe entwickelt.[210] Wiederum ist der Titel aufschlußreich, der lautet: „Staatliche Zukunfts- und Entwicklungsvorsorge. Zum Wandel der Dogmatik des Öffentlichen Rechts am Beispiel des Konzepts der nachhaltigen

---

[206] *Ladeur*, Die Akzeptanz von Ungewißheit, in: Voigt (Hrsg.), Recht als Instrument der Politik, 1986; *Appel*, Staatliche Zukunfts- und Entwicklungsvorsorge (Fn. 156), S. 145 ff. – Das Thema Unsicherheit ist Gegenstand von gerichtlichen Entscheidungen, insb. bei der Mobilfunk- und Elektrosmog-Problematik, dazu unten Fn. 219.

[207] Zum Risikobegriff im Entwurf der UGB-KomE (Fn. 170).

[208] Der volle Titel lautet: *Di Fabio*, Risikoentscheidungen im Rechtsstaat: Zum Wandel der Dogmatik im Öffentlichen Recht, insb. im Arzneimittelrecht, 1994, S. 11 ff. (Entwicklungsetappen des Verwaltungsrechts), S. 445–472 (Der Wandel in der Dogmatik).

[209] *Beck*, Risikogesellschaft, 1986.

[210] *Appel*, Staatliche Zukunfts- und Entwicklungsvorsorge (Fn. 156).

Entwicklung im Umweltrecht".[211] Die Arbeit zielt auf eine Neuorientierung des Verwaltungsrechts, wobei zentral eine Gegenüberstellung des traditionell beschränkten Zukunftsbezugs des Verwaltungsrechts und seinem heutigen gesteigerten Ausgriff auf Zukunft und Entwicklung ist.

3. Risiko – Vorsorge – Gefahr

Im weiteren sollen hier nicht die in sich bemerkenswerten Versuche, die Grundbegriffe des gesamten Felds der Risikoentscheidungen zu klären, näher verfolgt werden.[212] Im einzelnen mußte es darum gehen, die Begriffe der Gefahr, der Vorsorge und des Risikos in ein geordnetes Verhältnis zu bringen. Innerhalb dieser Diskussion gab es zahlreiche gut begründete Vorschläge, zur Änderung des traditionellen Verständnisses: Überkommen war nämlich ein Dreier-Schema von Restrisiko, Vorsorge, Gefahr. Bei der näheren Durchdringung zeigte sich, daß ein anderes Dreier-Schema vorzugswürdig ist, nämlich die Unterscheidung von Restrisiko, einfaches Risiko und Gefahr als gesteigertes Risiko.[213]

Die *zweite* Ebene ist beim Risikoverwaltungsrecht wichtig, sie ist das Feld der rechtlichen Innovationen. Einige von ihnen sind aus Anlaß des Überschneidungsbereichs von Umwelt – und Technikrecht schon besprochen worden. Zentrale Begriffe wie Unsicherheit und Ungewißheit, die prozeduralen Techniken der Risikoermittlung und -abschätzung kennzeichnen auch und in noch verstärktem Maße die rechtlichen Eigenarten des Risikoverwaltungsrechts. Ebenso findet man hier das große Problemfeld der technischen Normung und der rechtlichen Anforderungen an sie wieder.[214]

Großen Raum nehmen hier auch Modelle für die Zusammenführung von wissenschaftlicher Beratung und politisch-administrativer Entscheidung ein.[215]

---

[211] Dort ausführlich (und für die Arbeit grundlegend) zu „veränderten Perspektiven der Staatstätigkeit", S. 42 ff.

[212] Dazu einige Überlegungen bei *Wahl*, Risikobewertung (Fn. 197).

[213] Zur Abkürzung des Textes sei verwiesen auf *Wahl*, Risikobewertung (Fn. 197).

[214] *Müller-Graff* (Hrsg.), Technische Regeln im Binnenmarkt, 1991; *Marburger*, Die Regeln der Technik im Recht, 1979; *ders.* (Hrsg.), Technische Regeln im Umwelt- und Technikrecht, 2006 (im Erscheinen); *Jörissen*, Produktbezogener Umweltschutz und technische Normen, 1997; *Breulmann*, Normung und Rechtsangleichung in der Europäischen Wirtschaftsgemeinschaft, 1993; *Rengeling* (Hrsg.), Umweltnormung, 1998; *Schulte*, Materielle Regelungen: Umweltnormung, in: Rengeling (Hrsg.), Handbuch zum Europäischen und deutschen Umweltrecht (EUDUR), Bd. 1, 2003, § 17; *Kloepfer*, Instrumente des Technikrechts, in: Schulte (Fn. 184), S. 111, 133 ff. – Zur rechtlichen Bedeutung von Standards und technischen Regelwerken als widerlegbare Indizwirkung BVerwGE 79, 254, 264; BVerwG, UPR 1997, S. 101 f., dazu *Kloepfer*, ebd., S. 145 ff.

[215] Zur grundsätzlichen Problematik *Voßkuhle*, Beratung (Fn. 185), § 43 Rn. 17–23 und zum Gefährdungspotential sachverständiger Beratung durch Private Rn. 50 ff. sowie Rn. 63 ff. (Grundbausteine einer allgemeinen Dogmatik des Sachverständigenrechts);

Dabei setzt sich in neuerer Zeit die Erkenntnis durch, daß Risikoentscheidungen eine Mischung von technisch-wissenschaftlichem Sachverstand und politisch-rechtlicher Verantwortung enthalten. Je unsicherer die Erkenntnisgrundlagen, je theoretischer und empirischer ungesicherter die Risikoerkenntnisse sind, um so wichtiger werden im Rahmen der zutreffenden Risikoentscheidung die politisch-rechtliche Komponente und die Bewertungskompetenz des Gesetzgebers, der Verwaltung und – im Maße ihrer Kontrollbefugnisse – auch der Gerichte. Und gedanklich fordert die verfassungsrechtliche Schutzpflicht am Anfang aller Entscheidungen, daß der Gesetzgeber die informierte Grundsatzentscheidung darüber trifft, ob eine Technologie mit gewissen Risiken überhaupt zugelassen werden kann oder ob die Prognose begründet ist, daß die nachteiligen Wirkungen beherrscht oder begrenzt werden können.

4. Verfassungsgeprägtheit

Alle hier erwähnten (Grundsatz)Probleme sind Gegenstand von ausführlichen Diskussionen,[216] die hier nicht weiter ausgebreitet werden können. Bei einer Aufzählung der risiko- und technikrecht-spezifischen Problemkreise stehen an der Spitze die verfassungsrechtlichen Probleme, wie weit die Schutzpflicht des Gesetzgebers reicht, insb. ob es eine Schutzpflicht im Vorsorgebereich gibt. Probleme des Gesetzesvorbehalts stellen sich bei der Frage, ob es der Gesetzgeber sein muß, der festlegt, wann sicher sicher genug ist. Die Hauptfrage des engeren Risikoverwaltungsrechts betrifft die zahlreichen Fragen rund um die Normung, also die Setzung von technischen Standards. Im Risikoverwaltungs- und im Technikrecht besteht ein sehr großer Bedarf, man könnte auch sagen Hunger nach technischen Standards, also nach sachverständig erarbeiteten Regeln, die nicht vom Gesetzgeber oder der Verwaltung erarbeitet sind. Dadurch eröffnet sich ein weites Feld an staatsrechtlichen, aber auch organisationsrechtliche Fragen zum Thema rechtliche Normierung der technischen Normen. Lösungsbedürftig ist das Legitimationsproblem für die Sachverständigen(gremien) und die Konstruktion der Zuordnung von Sachverstand und öffentlich verantworteter Entscheidung

Gerichtsurteile und eine großen Rolle des Richterrechts wird man im Risikoverwaltungsrecht nicht finden.[217] Am ehesten gerichtsträchtig sind Fälle aus dem Gentechnikrecht[218] und die zahlenmäßig häufig auftretenden

---

vgl. auch *Di Fabio* (Fn. 42), S. 292 ff.: Wissenschaftsabhängigkeit arzneimittelrechtlicher Risikobeurteilung, S. 294 ff., 297 ff., 457 (kooperative Risikogestaltung); *Stoll*, Sicherheit als Aufgabe von Staat und Gesellschaft, 2003, S. 421 ff.

[216] Zuletzt *Scherzberg* und *Lepsius*, Risikosteuerung (Fn. 197), S. 214, 264 ff. mit zahlreichen Nachweisen.

[217] Zum Beispiel BVerwGE 81, 12 – Paraquat zu § 15 a.F. PflanzenschutzG. Dafür haben die einzelnen und vereinzelten Entscheidungen, die ergingen, eine große Breitenwirkung. Der Gang zu Gericht ist hier nicht so verbreitet, wie in den anderen Rechtsgebieten.

[218] Zahlreiche Entscheidungen zum Problem einer Einschätzungsprärogative der Behörde gegenüber Gerichten, BVerwG, NVwZ 1999, S. 1232 = DVBl. 99, S. 1138;

Streitfälle um Mobilfunkanlangen und die Auswirkungen elektromagnetischer Wellen.[219] In den anderen Teilen des Technikrechts dürften die Probleme, die mit den zentralen Themen der Unsicherheit und Ungewißheit verbunden sind, durchschlagen und deshalb die Einschätzung vorherrschen, daß hier gerichtlicher Rechtsschutz nur schwer zu erlangen ist, jedenfalls soweit es um die inhaltlich-materielle Einschätzung des Risikos geht. Die im Technikrecht typischen Einschätzungs-, Vertretbarkeits- und Abwägungsspielräume stärken die Exekutive, so wie sie umgekehrt die Kontrolldichte der Gerichte begrenzen.[220] Die inhaltliche Risikoeinschätzung kann ein Gericht, auch unter Einschaltung von Sachverständigen, nur schwer selbst treffen oder eine vorhandene abändern. Der Struktur der Regelungen im gesamten Rechtsbereich entsprechend sind die Ansatzpunkte für Kritik und möglicherweise für Kontrolle eher und fast ausschließlich die Verfahren der Risikoermittlung, -einschätzung und -bewertung.

5. Zum Technikrecht

In dem mit dem Risikoverwaltungsrecht eng verbundenen Technikrecht[221] wuchs besonders die Einsicht, daß das Recht nicht nur Begrenzungs- und Kontrollrecht, sondern auch Ermöglichungsrecht ist.[222] Das Recht begrenzt

---

OVG Berlin, NVwZ 1999, S. 96; VG Freiburg, ZUR 2000, S. 216 mit Anm. *Ginzky*, VGH Mannheim DVBl. 2001, 1463; krit. zur Rechtsprechung; *Kroh*, Risikobeurteilung im Gentechnikrecht-Einschätzungsspielraum der Behörde und verwaltungsgerichtliche Kontrolle, DVBl 2000, S. 102 ff.; Die Zentrale Kommission für die Biologische Sicherheit, ZUR 2001, S. 61, 65; krit. *Guy Beaucamp*, Zum Beurteilungsspielraum im Gentechnikrecht, DÖV 2002, S. 24 ff.; Gentechnik von Anfang an internationalisiert und in Vergleichsperspektive *Dederer*, Gentechnik im Wettbewerb der Systeme, 1998.

[219] Zu den Fallkonstellationen bei den nicht-thermischen Strahlungen, insb. beim Mobilfunk, gibt es eine bedeutende Anzahl von Gerichtsverfahren. Zum sog. Elektrosmog *Murswiek*, Umweltrecht und Grundgesetz, Die Verwaltung 33 (2000), S. 241, 249 ff.; BVerfG (Kammer), NJW 1997, S. 2509 = JZ 1997, S. 897 mit Anm. *Determann*, NJW 1997, 2501 ff.; *Di Fabio*, Rechtsfragen zu unerkannten Gesundheitsrisiken elektromagnetischer Felder, DÖV 1995, S. 1; BVerfG (Kammer), NJW 2002, S. 1638 – Mobilfunk, dazu *Murswiek*, Ausgewählte Probleme des Allgemeinen Umweltrechts, Die Verwaltung 38 (2005), S. 254 (mit Lit. und Hinweisen auf Rechtsprechung der Fachgerichte).

[220] Zu den Abwägungs-, Ermessens- und Vertretbarkeitsklauseln des Risikoverwaltungsrecht Nachweise bei *Scherzberg*, Risikosteuerung (Fn. 197), S. 224 und die wichtige Entscheidung BVerwGE 81, 12 – Paraquat zu § 15 a.F. PflanzenschutzG, dazu *Di Fabio* (Fn. 42), S. 276.

[221] *Schulte* (Hrsg.), Handbuch des Technikrechts, 2003; *Franzius*, Technikermöglichungsrecht, Die Verwaltung 34 (2001), S. 487; *Kloepfer*, Recht als Technikkontrolle und Technikermöglichung, in: ders./Brandner/Meßerschmidt, Umweltschutz und Recht, 2000, S. 109; *Stoll*, Sicherheit als Aufgabe von Staat und Gesellschaft, 2003.

[222] Nachweise der verzweigten Grundsatz-Diskussion zu Technik und Recht und zu Ambivalenzen des Technikrechts *Schulze-Fielitz*, Technik (Fn. 184), S. 443 f.; *Vieweg* (Hrsg.), Techniksteuerungsrecht, 2000.

entsprechend seinem Schutzauftrag einerseits die Technikentwicklung im Sinne der Bekämpfung von Gefahren und der Minderung von Risiken. Zu diesem früher vorwiegend beachteten Aspekt tritt andererseits die Ermöglichung von Technik und Technologie durch rechtliche Regelungen, die der Neuheit und den verbreiteten Ungewißheiten über die Auswirkungen der neuen Technologie einen Handlungsrahmen geben. Dieser Grundgedanke läßt sich sowohl auf die bestehenden Umwelt- und Genehmigungsrechtsstrukturen beziehen, wie er bei der Ausgestaltung des Informations- und Kommunikationsrechts sowie Privatisierungsfolgenrechts von vornherein in Rechnung gestellt werden kann.

V. Privatisierung – Deregulierung – Beschleunigung

1. Deregulierung, Privatisierung und Beschleunigung als (rechts)politische Ziele

Die Reaktionen des Öffentlichen Rechts auf neue gesellschaftliche Herausforderungen sind mit der Risikoverwaltung – natürlich – nicht an ihr Ende gekommen. In den letzten zehn bis fünfzehn Jahren ist im Gegenteil besonders häufig von grundlegendem Wandel, Neubau, Reform und Modernisierung des Verwaltungsrechts die Rede. Hintergrund oder Auslöser dieser Reformdiskussion (dazu unten 7.) sind die in zahlreichen Ländern parallel ablaufenden Modernisierungspolitiken, die in der Öffentlichkeit durch die Begriffs-Trias „*Deregulierung, Privatisierung* und *Beschleunigung*" wahrgenommen wurden.[223] Gemeinsam ist diesen drei Politikzielen die internationale Ausrichtung, die natürlich die europäische Ebene mitumfaßt, in ihr aber nicht aufgeht. Internationalität heißt in diesem Zusammenhang auch das Bewußtwerden von Wettbewerbsverhältnissen, in denen die Volkswirtschaften zueinander stehen und die sich in einer spezifischen Art auch dem Verhältnis der Rechtsordnungen zueinander mitteilen.[224] Stammen nämlich die Impulse für die Deregulierung- und Privatisierungspolitik zu einem beträchtlichen Teil aus dem Ausland, dann kann es nicht überraschen, daß auch deren Recht in einem viel stärkeren Maße als bisher als Vorbild, jedenfalls als Vergleichsmaßstab zum eigenen Recht herangezogen wird. Die Rechtspolitik steht deshalb bei Privatisierungsmaßnahmen oder Regulierungsakten wie im Telekommunikations- oder Postrecht

---

[223] Zu den Formen der Privatisierung *Schuppert*, Verwaltungswissenschaft, 2000, S. 370 ff. (Arten der Privatisierung); *Hoffmann-Riem/Schneider* (Hrsg.), Verfahrensprivatisierung im Umweltrecht, 1996; *Schoch*, Privatisierung von Verwaltungsaufgaben, DVBl. 1994, S. 962 ff.; *Weiß*, Privatisierung und Staatsaufgaben. Privatisierungsentscheidungen im Lichte einer grundrechtlichen Staatsaufgabenlehre unter dem Grundgesetz, 2002; *JAxel Kämmerer*, Privatisierung. Typologie – Determinanten – Rechtspraxis – Folgen, 2000; *Burgi*, Funktionale Privatisierung und Verwaltungshilfe, 1999.

[224] *Mehde*, Wettbewerb zwischen Staaten. Die rechtliche Bewältigung zwischenstaatlicher Konkurrenzsituationen im Mehrebenensystem, 2005.

stark unter dem Einfluß, wenn nicht gar unter (rechtlichem oder faktischem) Druck von europäischem, internationalem Recht (z.B. WTO-Recht) oder dem für vorbildlich gehaltenen Recht von Pionierstaaten wie Großbritannien oder den USA.[225] Es ist offensichtlich, daß das Recht der Privatisierung von Anfang an im Kontext europäischer Richtlinien und Einwirkungen stand. Dies gilt vor allem im Telekommunikations-, Post- und Eisenbahnrecht.[226]

An der Reaktion des Öffentlichen Rechts auf die gewandelten Staatsaufgaben fällt ein doppeltes auf: Zum einen wiederholt sich die schon früher beobachtete komplexe Verarbeitung der Herausforderungen auf unterschiedlichen Abstraktions- und Theorieebenen (Reflexionsebenen). Zum anderen hat eine verbreitete Strömung die Herausforderungen der jüngsten Vergangenheit und Gegenwart zum Anlaß genommen, einen grundsätzlichen Neubau des Verwaltungsrechts unter dem Vorzeichen einer neuen Verwaltungs(rechts)wissenschaft zu fordern: Reagiert wurde diesmal also auch im engeren Wissenschaftssystem mit einem prinzipiellen Neubau-Vorhaben (dazu unten 7.). Bei diesem letzten, stark in die Gegenwart hineinreichenden Entwicklungsabschnitt des Öffentlichen Rechts können aus Zeitgründen nur noch Stichworte angegeben werden.

2. Felder der Rechtspolitik

Die *Gegenstands- und Sachbereiche* dieser großen Herausforderungen sind umfangreich, handelt es sich doch um zum Teil tiefgreifende Wandlungen im gesamten Infrastrukturbereich, also den Wandel von den Staatsbetrieben zu teil- oder vollprivatisierten Unternehmen der Post, Telekommunikation, Bahn, des öffentlichen Nahverkehrs, und um den Umbau der öffentlichen Wirtschaftsunternehmen der Kommunen in stärker privatisierte Einheiten. Mit anderen Worten kann man auch von einem grundlegenden Wandel der bisher wie selbstverständlichen öffentlichen Daseinsvorsorge zu Unternehmen

---

[225] Die einflußreichen Stichworte waren die vom „Standortwettbewerb" und vom „bedrohten Standort Deutschland". Sie bündelten alle Erwartungen und Forderungen auf eine Verbesserung der Stellung des Investors. Denn der Investor als das handelnde und zugleich mobile Subjekt im Wettbewerb der verschiednen Wirtschaftsräume wurde die entscheidende Bezugsperson im politischen und ökonomischen Denken, bald aber auch in der rechtspolitischen Diskussion. Auffällig daran ist, daß dem genuin wirtschaftsbezogenen Begriff des Standorts ohne weitere Reflexion Einlaß in die rechtliche oder rechtspolitische Diskussion gegeben wurde.

[226] Die europäische Rechtssetzung ist sehr umfangreich. Sie reicht z.B. im Telekommunikationsrecht von der „Empfehlung" des Rates betreffend die erste Phase der Öffnung der öffentlichen Fernmeldemärkte von 1984 über verschiedene Rechtssetzungspakete. Ähnliches gilt für den Bereich der Eisenbahn und der Post. Die Entwicklungsgeschichte ist nachgezeichnet in den neueren Kommentaren zum Telekommunikations-, Post- und Eisenbahnrecht. Zu den europarechtlichen und internationalen Bezügen von Eisenbahn, Post und Telekommunikation siehe *Wieland,* in: Dreier (Hrsg.), Grundgesetz, Bd. 3, 2000, Art. 87e Rn. 6 und Art. 87f Rn. 5 ff.

mit wirtschaftlicher Bedeutung (gemäß Art. 16 EGV) sprechen. Damit ist auch schon der ausgeprägte europäische und darüber hinaus internationale Kontext dieser Reformen bezeichnet. Bald wurden in Politik und in der Rechtspolitik bemerkt, daß der Aufgabenwandel und die damit angestrebte Staatsentlastung ihr Ziel nicht unbedingt in einem vollständigen staatlichen Rückzug finden müssen. Deutlich wurde, daß es nicht nur die Alternative: Alles oder Nichts an staatlicher Aktivität gibt, sondern daß relevante und kreative neue Zwischenformen möglich sind und auch tatsächlich angestrebt wurden. Im Infrastrukturbereich kam es so zu einer beträchtlichen Reduzierung des Aktivitätsniveaus des Staates, aber nicht zum vollständigen Rückzug. Der Staat behielt die Infrastrukturverantwortung (Art. 87e Abs. 4 und 87f Abs. 1 GG).[227] Damit verzichtet der Staat auf die Erfüllung der mit der Infrastruktur verbundenen Dienstleistungen durch öffentliche Unternehmen in eigener Trägerschaft; „zuständig" sind jetzt private Unternehmen. Zur Erfüllung der öffentlichen Ziele (Gemeinwohlziele), die mit der verfassungsrechtlich normierten Infrastrukturverantwortung verbunden sind, hat der Staat aber Regulierungs- bzw. Gewährleistungsaufgaben gegenüber den privaten Akteuren. Innerhalb dieses Grundmusters des beträchtlichen Wandels der Staatsaufgaben gibt es erhebliche Unterschiede je nach Grad und Umfang der Privatisierung. Diese ist etwa im Telekommunikationsbereich sehr weit verwirklicht, die Dienstleistungen werden ausschließlich von privaten Aktiengesellschaften erbracht, sogar die Leitungsnetze stehen im Eigentum Privater. Dem Staat bleiben Instrumente zur Gewährleistung der Infrastrukturziele (§ 2 Abs. 2 Nr. 1–9 TKG) und Befugnisse der „Regulierungs"behörde.[228] Demgegenüber ist der Staat bei der teil-privatisierten Bahn noch beträchtlich stärker involviert.[229] Ein zweiter wichtiger Weg für eine teilweise Reduzierung des staatlichen Parts findet statt, wenn Verwaltung und Private bei der Wahrnehmung von Aufgaben kooperieren. Statt allein zu handeln, trifft sich die Verwaltung mit

---

[227] *Hermes,* Staatlich Infrastrukturverantwortung. Rechtliche Grundstrukturen netzgebundener Transport- und Übertragungssysteme zwischen Daseinsvorsorge und Wettbewerbsregulierung am Beispiel der leitungsgebundenen Energieversorgung in Europa, 1998.

[228] Zu Recht zieht der neue Organisationstyp der Regulierungsbehörde, in dem sich gemäß dem Postulat der aufgabengerechten Organisation die neue Rolle des Staates gegenüber privaten Infrastrukturunternehmen spiegelt, besondere Aufmerksamkeit auf sich, *Röhl,* Die Regulierung der Zusammenschaltung, 2002; *Oertel,* Die Unabhängigkeit der Regulierungsbehörde nach §§ 66 ff. TKG, 2000; *Paulweber,* Regulierungszuständigkeiten in der Telekommunikation, 1999; aus wirtschaftswissenschaftlicher Sicht *Knieps,* Ansätze für eine „schlanke" Regulierungsbehörde für Post und Telekommunikation in Deutschland, 1997.

[229] Und sei es dadurch, daß die Wirtschaftsunternehmen, die Eisenbahnen betreiben, „im Eigentum des Bundes stehen, soweit die Tätigkeit des Wirtschaftsunternehmens den Bau, die Unterhaltung und das Betreiben von Schienenwegen umfaßt". Der Bund kann Anteile veräußern, wobei aber die Mehrheit beim Bund verbleiben muß (Art. 87 Abs. 3 Satz 2 und 3 GG).

privaten Akteuren in der Hoffnung, Vorteile aus dem Zusammenwirken der beiden unterschiedlichen Handlungsrationalitäten ziehen zu können (Gedanke der public-privat-partnership[230]).

Die international angestoßene Politik der Deregulierung und Privatisierung war nur mit großen Gesetzgebungsvorhaben bzw. Gesetzespaketen zu verwirklichen, zum Teil setzte sie sogar Verfassungsänderungen voraus (Art. 87e und f GG). Der Aufgabenwandel schlug sich in der Entstehung völlig neuer oder substantiell veränderter Gesetze (wie dem TKG, EisenbahnneuordnungsG, AEG, PostG, ÖPNV-Gesetze[231]) anschaulich nieder. Einen beträchtlichen Novellierungsbedarf lösten auch die Deregulierungsmaßnahmen im Baurecht und die Beschleunigungsmaßnahmen in den Genehmigungs- und Planungsgesetzen aus.[232] In ihrer Gesamtheit war somit eine Vielzahl von Gesetzgebungsvorhaben in ein gemeinsames politisch-wirtschaftliches Umfeld eingebunden und erhielt von ihm gemeinsame Leitvorstellungen. Die Umsetzung in konkretes Recht war und ist ein komplexer, über einige Vermittlungsschritte sich hinziehender Prozeß, der hier wie schon früher in dem Drei-Ebenen-Konzept des Einflusses neuer Staatsaufgaben auf das Recht und seine Reflexionsebenen analysiert wird.

Wichtig und neu war, daß die auslösenden Veränderungen im gesellschaftlich-wirtschaftlichen Raum primär nicht aus Deutschland, sondern aus

---

[230] Dazu *Schuppert*, Grundzüge eines zu entwickelnden Verwaltungskooperationsrechts – Regelungsbedarf und Handlungsoptionen eines Rechtsrahmens für Public Private Partnership, Gutachten 2001; *Ziekow*, Verankerung verwaltungsrechtlicher Kooperationsverhältnisse (Public Private Partnership) im Verwaltungsverfahrensgesetz, Gutachten 2001, beide in: Bundesministerium des Innern (Hrsg.), Verwaltungskooperationsrecht, 2001; *Ziekow* (Hrsg.), Public Private Partnership – Projekte, Probleme, Perspektiven, 2003; *Tettinger*, Public Private Partnership, Möglichkeiten und Grenzen – ein Sachstandsbericht, NWVBl. 2005, S. 1–10.

[231] Wichtig sowohl in theoretischer Hinsicht wie auch im anwendungsbezogenen Teil zum ÖPNV: *Knauff*, Der Gewährleistungsstaat: Reform der Daseinsvorsorge. Eine Rechtswissenschaftliche Untersuchung unter besonderer Berücksichtigung des ÖPNV, 2004.

[232] Zu den Beschleunigungsgesetzen gehören das Verkehrswegeplanungsbeschleunigungsgesetz (1991), Planungsvereinfachungsgesetz (1993), Genehmigungsverfahrensbeschleunigungsgesetz (1996), Stendal-Gesetz (1993) und das Wismar-Gesetz (1994). Aus der umfangreichen Literatur: *Schlichter* u.a., Investitionsförderung durch flexible Genehmigungsverfahren: Bericht der Unabhängigen Expertenkommission zur Vereinfachung und Beschleunigung von Planungs- und Genehmigungsverfahren, 1994; *Ronellenfitsch* (Hrsg.), Beschleunigung und Vereinfachung der Anlagenzulassungsverfahren, 1994; *teiner*, Die Beschleunigung der Planung für Verkehrswege im gesamten Bundesgebiet, in: Blümel/Pitschas (Hrsg.), Reform des Verwaltungsverfahrensrechts, 1994, S. 151 ff.; *Erbguth*, Zur Vereinbarkeit der jüngeren Deregulierungsgesetzgebung im Umweltrecht mit dem Verfassungs- und Europarecht – am Beispiel des Planfeststellungsrechts, 1999; *Lübbe-Wolff*, Die Beschleunigungsgesetze, in: Dally (Hrsg.), Wirtschaftsförderung per Umweltrecht? Loccumer-Protokolle, 5/97, S. 88. Übersicht bei Blümel, in: *ders.*, Beiträge zum Planungsrecht 1959–2000, 2004, S. 457 ff.; *Stüer/Probstfeld* (Hrsg.), Die Planfeststellung, 2003, S. 2–7.

anderen Ländern kamen. Im Rückblick erweist sich die Beschleunigungspolitik und -gesetzgebung als – zunächst so nicht verstandener – *Pionier der Verarbeitung der Globalisierung im Öffentlichen Recht.* Durch den Erkenntnis- und Bewußtseinswandel sahen sich plötzlich innenpolitische Sachverhalte und internes Rechts einem folgenreichen Vergleich mit anderen Staaten und deren Rechtsordnung ausgesetzt. Was jahrzehntelang in einem binnenorientierten Kontext begriffen und diskutiert worden war, was dazu oft und mit guten Gründen als eine Erfolgsgeschichte des deutschen Rechts betrachtet worden war, etwa das Genehmigungs- und Zulassungsrecht, wurde plötzlich in einem jetzt zum ersten Mal angestellten Vergleich mit den Verhältnissen in anderen Staaten (oder das, was die Vertreter dieser Argumentation dafür hielten) in Bezug gesetzt und als defizitär kritisiert.[233]

Angesichts des Umfangs der Veränderungen im Gefolge der Privatisierung und Regulierung war es selbstverständlich, daß der vielfältige Beitrag des Rechts zu diesem Wandel in sich wiederum sehr differenziert ausfiel. Noch mehr als bei den früheren Entwicklungen war von Anfang an die Staatsaufgabendiskussion maßgeblich. Die drei schon häufiger analysierten Abstraktions- und Reflexionsebenen sind deutlich sichtbar. Diskutiert wurden nicht nur Innovationen für neue passende Rechtsregeln und angemessene Rechtsinstitute. Statt dessen waren von Anfang an staatstheoretische Konzepte der entscheidende gedankliche Rahmen für Privatisierungs- und Deregulierungsvorhaben, in denen über die – richtige – Aufgabenausstattung des Staates nachgedacht wurde. Wenn Rückzug und Entlastung des Staats gefordert und dann auch praktiziert wurden, war ein Bild vom Staat, war ein Diskurs über den Staat und seine Aufgaben unerläßlich. Kein Wunder, daß es auch zu einer Renaissance des Gemeinwohlkonzepts kam[234], wie anders sollte man auch die verbleibenden (Steuerungs)Aufgaben des Staates gegenüber den zu privatisierenden Bereichen erfassen[235] und „notwendige" Staatsaufgaben identifizieren.[236]

Im folgenden soll die bisher gewohnte Analyse in drei Schritten aus Raumgründen nicht vollständig durchgeführt werden. Die erste Ebene des positiven Rechtsstoffes, so umfangreich die Gesetzgebung und Verwaltungspraxis auch

---

[233] Dazu *Wahl*, Die zweite Phase (Fn. 11), S. 505 ff.

[234] *Wahl*, Privatorganisationsrecht als Steuerungsinstrument bei der Wahrnehmung öffentlicher Aufgaben, in: Schmidt-Aßmann/Hoffmann-Riem (Hrsg.), Verwaltungsorganisationsrecht als Steuerungsressource, 1997, S. 335 ff. (Zur Renaissance des Gemeinwohlbegriffs); *Münkler/Fischer* (Hrsg.), Gemeinwohl und Gemeinsinn im Recht, 2002; *Schuppert*, Staatswissenschaft, 2003, S. 218 ff. (Kap. 2: Auf der Suche nach Kulturen des Gemeinwohls) = *ders.*, in: ders./Friedhelm Neidhardt (Hrsg.), Gemeinwohl: Auf der Suche nach Substanz, WZB-Jahrbuch 2002, S. 19 ff. m.w.N. Mehrere Bände der Forschungsberichte der interdisziplinären Arbeitsgruppe „Gemeinwohl und Gemeinsinn" der Berlin-Brandenburgischen Akademie der Wissenschaft, 2001 ff.

[235] Gut ist diese Aufgabe im engeren Infrastrukturbereich gelungen, wo Gewährleistungs-Ziele wie „flächendeckende Versorgung" oder Versorgung zu „angemessenem Preis" festgelegt wurden.

[236] *Gramm*, Privatisierung und notwendige Staatsaufgaben, 2001.

ist, soll entfallen. Die weiteren Überlegungen setzen bei der auslösenden Staatdiskussion an und gehen anschließend zur Verarbeitung der Neuerungen in Rechtsinstituten und -figuren über.

Das Privatisierungsthema ist – natürlich – in einem eminenten Sinne ein *staatstheoretisches Thema,* bei der Deregulierung ist es nicht anders. Im Kern geht es nämlich um eine Neujustierung des Verhältnisses von Staats und Gesellschaft, Staat und Wirtschaft, von staatlichen Aufgaben und der Eigenverantwortung des einzelnen. Das Privatisierungsthema wurde so zum Fokus für das hervorstechende staatstheoretische oder – wie die Wirtschafts- wissenschaftler sagen – das wichtigste ordnungspolitische Problem der letzten Jahrzehnte. Wo Privatisierung stattfindet (und wo sie sich nicht auf die Form einer Organisationsprivatisierung beschränkt), wo also eine echte Aufgaben- privatisierung oder eine nahe an sie heranreichende Form der Privatisierung stattfindet, werden bisher vom Staat determinierte Handlungsbereiche in den gesellschaftlich-wirtschaftlichen Raum, insbesondere in den Markt, entlassen. Der dahinterstehende staatstheoretische Ansatz wollte den, wie es hieß, über- forderten aufgabenstarken Staat entlasten, ihn auf seine Kernkompetenzen zurückführen und einige beim Staat verbleibende Aufgaben der – bisherigen – Daseinsvorsorge zu „Dienstleistungen" bzw. zu „Dienste von allgemeinem wirtschaftlichem Interesse" uminterpretieren (Art. 16 EGV).

3. Die staatstheoretische Ebene

Die staatstheoretischen Überlegungen fanden aber nicht nur bei der Initiierung der Privatisierung und Deregulierung statt. Je länger je mehr richtete sie sich auch auf das Ergebnis und das Ziel des Privatisierungsprozesses. Hier trennten sich die Wege. Für viele Wirtschaftswissenschaftler und Ordnungspolitiker war es ausgemacht, daß Privatisierungen Voll-Privatisierungen sein müßten, an deren Ende die bisherigen Staatsaufgaben ausschließlich in die Verantwortung der Privaten übergehen sollten, geregelt allein durch die allgemeine Rechtsord- nung. Die in der Rechtspolitik dominant gewordene alternative Denkrichtung ging von einem ganzen Spektrum von Privatisierungsformen aus, bei denen Ausmaß und Intensität des Rückzugs des Staates variierten.[237] Entscheidend wurde: Für eine Reihe politisch-praktisch interessanter Infrastrukturbereiche wurde Privatisierung nicht mehr als vollständiger Rückzug, sondern als qualitativer Wandel der Staatstätigkeit, bestehend aus einem substantiellen Rückzug und einem neu formulierten positiven Gewährleistungs- bzw. Regulierungs-Auftrag des Staates, verstanden. Damit konzentrierte sich die Diskussion auf die Kennzeichnung des Wandels der Aufgaben und der Auf- gabenwahrnehmung. Die grundsätzlichen Fragen richten sich darauf, welche Aufgaben der Staat nach der Privatisierung der Dienstleistungen bei Post, Telekommunikation oder Bahn noch oder jetzt erstmals habe. Der Ertrag der

---

[237] *Wahl,* Privatorganisationsrecht (Fn. 234), S. 335 ff.

reichhaltigen Staatsdiskussion schlug sich in Ausdifferenzierungen der verschiedenen Privatisierungsbegriffe nieder,[238] die einen inneren Zusammenhang mit der gleichlaufenden Ausdifferenzierung des Aufgabenbegriffs – oder des in eine Schlüsselstellung einrückenden Verantwortungsbegriffs – haben. Mit diesem Instrumentarium vorbereitet, konnte man die Privatisierungsvorgänge – alles auf der staatstheoretischen Ebene – als Wandel von der Erfüllungsverantwortung[239] zur Gewährleistungsverantwortung konzipieren und verstehen. Die Aufgliederung des bisherigen kompakten Verantwortungsbegriffs in staatliche Erfüllungsverantwortung, Regulierungs-, Gewährleistungs-, Überwachungs-, Beobachtungs- und Auffangverantwortung[240] erwies sich als das maßgebliche konzeptionelle Rüstzeug.

Das neue Bild der Verwaltung in Infrastrukturbereichen war: Die Infrastruktur-Dienstleistungen wurden (in unterschiedlicher Form im einzelnen) privatisiert; handelnde Subjekte sind jetzt Wirtschaftsunternehmen (Art. 12 GG, Art 87 e Abs. 3 GG). Aber der Staat hat das Recht und die Pflicht, für die Einhaltung wichtiger Ziele (etwa „flächendeckende, angemessene und ausreichende Dienstleistungen") zu sorgen, genauer: Er hat die Einhaltung dieser Ziele zu „gewährleisten" durch seine Rechtsordnung und durch Schaffung neuer Organisationseinheiten, die Regulierungsbehörden. Vollends sichtbar wurde der immer präsente staatstheoretische Hintergrund in der sich anschließenden Begriffsbildung vom *Gewährleistungsstaat*.[241] Wiederum

---

[238] Neben den Verweisen in Fn. 223 vgl. auch *Wahl*, Privatisierung im Umweltrecht, in: Gusy (Hrsg.), Privatisierung von Staatsaufgaben: Kriterien – Grenzen – Folgen, 1998, S. 260, 263 ff.

[239] Der Staat macht alles, er bestimmt die Aufgabe, er setzt sein öffentliches Personal ein, er normiert und programmiert die Tätigkeit durch öffentliches Recht, er finanziert voll, er führt die Verfahren durch.

[240] Zu den einzelnen Verantwortungstypologien und zum Denken in Verantwortungsstufen *Schmidt-Aßmann*, Verwaltungsverantwortung (Fn. 181), S. 221, 231 ff.; *ders.*, Zur Reform des Allgemeinen Verwaltungsrechts, in: Hoffmann-Riem/ders./Schuppert (Hrsg.), Reform des Allgemeinen Verwaltungsrechts, 1993, S. 43 f.; *ders.*, Das allgemeine Verwaltungsrecht (Fn. 42), S. 170 ff.; *Hoffmann-Riem*, Tendenzen in der Verwaltungsrechtsentwicklung, DÖV 1997, S. 433 ff.; *ders.*, Verantwortungsteilung als Schlüsselbegriff moderner Staatlichkeit, in: FS Vogel, 2001, S. 47 ff.; *Schuppert*, Verwaltungswissenschaft (Fn. 223), S. 400–419; *ders.*, Staatswissenschaft (Fn. 234), S. 289–296; *Trute*, Verantwortungsteilung als Schlüsselbegriff eines sich verändernden Verhältnisses von öffentlichem und privatem Sektor, in: Gunnar Folke Schuppert (Hrsg.), Jenseits von Privatisierung und schlankem Staat: Verantwortungsteilung als Schlüsselbegriffs eines sich verändernden Verhältnisses von öffentlichem und privatem Sektor, 1999, S. 136 ff.; *Voßkuhle*, Beteiligung Privater an der Wahrnehmung öffentlicher Aufgaben und staatliche Verantwortung, VVDStRL 62 (2003), S. 268, 285 m.w.N.

[241] Zum Gewährleistungsstaat: *Hoffmann-Riem*, Vom der Erfüllungs- zur Gewährleistungsverantwortung – eine Chance für den überforderten Staat, in: ders. (Hrsg.), Modernisierung von Recht und Justiz, 2000, S. 15 ff.; *Schuppert*, Verwaltungswissenschaft (Fn. 223), S. 933 ff., 939 ff.; *ders.*, Staatswissenschaft (Fn. 234), S. 289 ff., 441 ff., 571 ff., 585 ff.; *Voßkuhle*, Beteiligung (Fn. 240), S. 266; *Schuppert*, Der Gewährleistungsstaat – modisches Label oder Leitbild sich wandelnder Staatlichkeit?, in: ders. (Hrsg.), Der

wurde der schon häufiger beobachtete letzte Schritt getan, mit dem die neuen Handlungsfelder als Ausdruck eines neuen Staatstyps verstanden wurden. Dieselbe lange Wegstrecke wurde auch in dem anderen großen, hier einschlägigen Handlungsfeld gegangen, in dem vielbeschriebenen Wandel vom einseitig hoheitlich handelnden Staat zur paktierenden, kooperativen Verwaltung, deren Zusammenspiel mit Privaten sich am deutlichsten in der rasch populär gewordene Gestalt der public-private-partnership zeigt. Für alle Formen der Kooperation oder der geteilten Aufgaben entwickelte sich als übergreifende Vorstellung das Konzept von der Verantwortungsteilung heraus.[242] Noch einen Schritt weiter und den Gedankengang komprimierend zielten die staatstheoretischen Überlegungen auf die Formulierung von Staatsbildern bzw. Verwaltungsleitbildern,[243] die die Überlegungen bildhaft zusammenfaßten und steigern sollten.

4. Gewährleistungs- und Regulierungsrecht

Angesichts der Weite und Grundsätzlichkeit dieser staatstheoretischen Diskussion sowie der praktisch-politischen Bedeutung der Privatisierungs- und Deregulierungspolitik versteht es sich, daß ein großer Bedarf an Vermittlung zwischen der generellen Aufgabendiskussion und dem positivem Recht bzw. der konkreten Rechtspolitik bestand. Die immer wieder angesprochene zweite Ebene der Systembildung und Prägung neuer Institute hat selten so reichhaltige Neuentwicklungen erlebt. Angesichts der erwähnten lebhaften Staatsaufgaben-Diskussion und der vorgenommene Verfassungsänderungen ist es auch offensichtlich, daß das typische Merkmal der Verfassungsgeprägtheit auch hier in reicher Form gegeben war. Der Bedarf nach neuen Figuren und Instituten wurde von einer umfangreichen Literatur angegangen. Zwei (konkurrierende?) Ansätze haben sich herausgebildet, die Lehre vom *Gewährleistungs(verwaltungs)recht* und das *Regulierungs(verwaltungs)recht*.[244]

Gewährleistungsstaat – Ein Leitbild auf dem Prüfstand, 2005; *Hoffmann-Riem,* Das Recht des Gewährleistungsstaates, in: ebd. S. 89 ff.; *Franzius,* Der „Gewährleistungsstaat" – ein neues Leitbild für den sich wandelnden Staat?, Der Staat 42 (2003), S. 493 ff.

[242] Ein Vorbehalt ist erforderlich: Bei den staatsentlastende Szenarien der Regulierungs- und Gewährleistungsverantwortung sowie bei PPP und Kooperation stellt sich die drängende Frage, wie der Staat die ihm jetzt angedienten anspruchsvollen Leistungen erbringen kann, ob er bei der Begegnung öffentlicher und privater Handlungsrationalitäten die Kraft zur Erfüllung der (Gewähr)Leistungs- und Regulierungsverantwortung haben kann. Um es im damals viel gebrauchten Bild: Der Staat soll in Zukunft mehr steuern als rudern (D. Osborn/T. Gabler) zu sagen. Woher erhält der Staat die Kraft zu steuern und umzusteuern, wenn im Boot so gewichtige und eigensinnige Ruderer sitzen? Die Bewährung für die Konzepte steht noch aus.

[243] *Voßkuhle,* Der „Dienstleistungsstaat". Über Nutzung und Gefahren von Staatsbildern, Der Staat 40 (2001), S. 495 ff.; *Münkler,* Politische Bilder, Politik der Metaphern, 1994.

[244] *Ruffert,* Regulierung im System des Verwaltungsrechts, AöR 124 (1999),

Beide versuchen, die Rechtskonstellationen nach der Privatisierung, das Problemfeld der Privatisierungsfolgen, zu konzeptualisieren und systematisch zu erschließen. Hierher gehört auch die schon erwähnte Ausdifferenzierung des Verantwortungsbegriffs in mehrere Unterbegriffe oder die Figur der regulierten Selbstregulierung. Im weiteren wurde das Bemühen um Begriffsarbeit reflexiv. Ausdrücklich wurde eine Theorie der Schlüsselbegriffe[245] entwickelt, durch die die eigenen Neuschöpfungen zu Leit- oder Schlüsselbegriffen, damit zu entscheidenden Wegweisern durch das neue Recht erhoben wurden. Die sog. Schlüsselbegriffe fungieren als Mittler zwischen der Ebene der Staatsaufgaben und den dogmatischen Figuren.

In diesem Kontext erfuhren alte Institute wie das der Beleihung[246] neue Aufmerksamkeit und neue Konturen. Der zunächst eher blasse bzw. technische Begriff der Beteiligung Privater an der Verwaltung empfahl sich auf dem generellen Hintergrund als Oberbegriff für Formen der Verfahrensprivatisierung wie der kooperierenden Verwaltung, insb. im Rahmen von public-private-partnership; dementsprechend erhielt er in der Literatur eine zentrale Bedeutung.[247] Eine ähnliche Verstärkung und Vertiefung erfuhr auch das Thema der Einschaltung privaten Sachverstands.[248] Im Zuge gesetzgeberischer

---

S. 237 ff.; *Trute*, Regulierung – am Beispiel der Telekommunikation, in: FS Brohm, 2002, S. 169 ff.; *Masing*, Die US-amerikanische Tradition der Regulated Industries und die Herausbildung eines europäischen Regulierungsverwaltungsrechts, AöR 128 (2003), S. 558 ff.; *Badura*, Wettbewerbsaufsicht und Infrastrukturgewährleistung durch Regulierung im Bereich der Post und der Telekommunikation, in: FS Großfeld, 1999, S. 35 ff.; *v. Danwitz*, Was ist eigentlich Regulierung?, DÖV 2004, S. 977; *Kühling*, Sektorspezifische Regulierung in den Netzwirtschaften, 2004.

[245] Zur Sache und zur Reflexion über die Funktion der Schlüsselbegriffe als Mittler zwischen der staatstheoretischen bzw. staatsaufgabenbezogenen Ebene und dogmatischen Figuren *Baer*, Schlüsselbegriffe, Typen und Leitbilder als Erkenntnismittel und ihr Verhältnis zur Rechtsdogmatik, in: Schmidt-Aßmann/Hoffmann-Riem, Methoden der Verwaltungsrechtswissenschaft (Fn. 96), S. 223 ff.; *Voßkuhle*, „Schlüsselbegriffe" der Verwaltungsrechtsreform, Verwaltungsarchiv 92 (2001), S. 184 ff.; *ders.*, Beteiligung (Fn. 240), S. 282. Als solche Schlüsselbegriffe werden genannt: Verwaltungsteilung, Innovation, Netzwerk, Wettbewerb, Vorsorge, Information, Kommunikation, Wissen, Kooperation. *Schuppert*, Schlüsselbegriffe als Perspektivenverklammerung von Verwaltungsrecht und Verwaltungsrechtswissenschaft, in: Die Wissenschaft vom Verwaltungsrecht, Die Verwaltung, Beiheft 2/1999, S. 103 ff.; Streit um Verbundbegriffe *Schmidt-Aßmann* in: ders./Hoffmann-Riem, Methoden der Verwaltungsrechtswissenschaft (Fn. 96), S. 401 ff.

[246] *Burgi*, Der Beliehene – Ein Klassiker im modernen Verwaltungsrecht, in: FS Maurer, 2001, S. 581 ff.

[247] Dazu hier nur *Hintzen* und *Voßkuhle*, Beteiligung Privater an der Wahrnehmung öffentlicher Aufgaben und staatliche Verantwortung, VVDStRL 62 (2003), S. 220 ff., 266 ff. (jeweils mit weiteren Nachweisen).

[248] Auf privaten Sachverstand wird auch im Planungsverfahren zu Beratungszwecken sowie zur Erfüllung privater Teilbeiträge und insbesondere im Rahmen des bauordnungsrechtlichen Freistellungsverfahrens zurückgegriffen. Gerade dieses Regelungsmodell veranschaulicht, daß der Staat auf Präventivkontrollen verzichtet

Reformen mußte naheliegenderweise auch das Organisationsrecht aus dem Schatten treten, in dem es sonst häufig steht.

In den einzelnen Sachbereichen und den in ihnen neu entstandenen Rechtsgebieten wie dem Kommunikations-, dem Post- und dem Eisenbahnrecht entstanden *neue Rechtsfiguren*, die aus dem spezifischen konkreten Rechtsgebieten heraus zu typischen Regelungsbausteinen des gesamten Gewährleistungs- bzw. Regulierungsrechts wurden, wie Entgeltregulierung (§ 27 ff. TKG), die besondere Verantwortlichkeit des größten Unternehmens im Sachbereich (§ 28 TKG), die Formen der Geltendmachung der Oberziele der flächendeckenden Grundversorgung zu erschwinglichen Preisen (§ 1 TKG).

Eine exemplarische Konkretisierung erhielt der Gedanke der Gewährleistungs- bzw. Regulierungsverantwortung des Staates sowohl in begrifflich-dogmatischer wie in organisatorischer Art im Referenzgebiet des Telekommunikationsrechts. Der Aufgabe sachangemessene neue Behördentyp der Regulierungsbehörde[249] wurde dort erstmals begründet (und inzwischen auf die Energiewirtschaft übertragen). Neue Institute wie das des Universaldienstleisters,[250] der mit dem – schon im Rundfunkrecht bekannten – Gedanken der Grundversorgung in einem inneren Zusammenhang steht, wurden aus dem internationalen und europäischen Raum übernommen.[251] Als Ergebnis einer vielfältigen Literatur wurde auf der zweiten, mittleren Ebene ein Netz von Grundbegriffen erarbeitet, das die Einordnung und das bessere Verständnis von Einzelregelungen, die sonst isoliert bearbeitet wurden, ermöglicht.

5. Europäisierung und Internationalisierung

Die neuen Materien des Regulierungs- und Gewährleistungsverwaltungsrechts[252] sind von Anfang an im internationalen und dann auch europäischen Kontext zu sehen. Sowohl die rechtspolitischen Entscheidungen in der Gesetzgebung wie auch die nachfolgenden Konstruktionen im Verwaltungsrecht

---

und diese durch private Selbstkontrolle und Eigenverantwortung ersetzt, die wiederum durch institutionelle Gewährleistungen, die Vorgabe fachlich-qualitativer Maßstäbe und repressive Zugriffsoptionen i.S. einer hoheitlichen Kontrolle der Kontrolle gestützt wird. (Vgl. *Schmidt-Preuß*, Verwaltung und Verwaltungsrecht zwischen gesellschaftlicher Selbstregulierung und staatlicher Steuerung, VVDStRL 55 (1996), S. 162, 194 ff.).

[249] Siehe die Nachweise Fn. 228.

[250] Nach dem Universaldienstmodell im Telekommunikations-, Post-, Energie- und Verkehrssektor werden private Anbieter zur Erbringung bestimmter gemeinwohlorientierter Dienstleistungen verpflichtet. Allen Benutzern soll der Zugang zu einem festgelegten Minimaldienst mit einer spezifischen Qualität zu einem erschwinglichen Preis ermöglicht werden.

[251] Die Grundversorgung kann allen oder einzelnen Anbietern am Markt auferlegt werden, wobei die damit jeweils verbundenen Lasten i.d.R. auszugleichen sind. Bei dieser Rechtsfigur handelt es sich aus der Perspektive des Staates um die Wahrnehmung einer Infrastrukturverantwortung unter wettbewerblichen Rahmenbedingungen.

[252] Dazu Fn. 241 und 244.

sind ohne diesen internationalen Kontext nicht zu verstehen: Regulierungs-verwaltungsrecht – dies ist der Bereich, in dem deutsches Verwaltungsrecht von Anfang an und unaufhebbar europäisiert und internationalisiert ist. Diese übernationale Einbindung nahm hier eine besondere, auch pionierhafte Form an. Noch zu wenig wird dabei das Phänomen der *Ko-Evolution* des Rechts der verschiedenen Ebenen gesehen, das im übrigen auch das Phänomen des Pioniers und Schrittmachers der Rechts-Entwicklung einschließt. Insbesondere im Telekommunikationsrecht gab es von Anfang an eine Drei-Ebenen-Kons-tellation. Die maßgeblichen Rechtsentwicklungen fanden in Pionierstaaten der Privatisierungen wie im Vereinigten Königreich und den USA statt, das europäische Recht griff dies auf, die WTO zog nach.[253] Innerhalb kurzer Zeit war die erwähnte dreischichtige oder Drei-Ebenen-Konstellation des Rechts entstanden. Innerhalb dieser mehrgeschossigen Architektur „wandern" Begriffe von einer Ebene zur anderen. So entsteht ein Begriff z.B. auf der nationalen Rechtsebene eines Pionierstaates wie den USA oder dem Vereinigten König-reich, der dann auf der internationalen Regelungsebene aufgenommen wird und von ihr über die europäische zu den anderen nationalen Rechtsordnung gelangt. Hervorzuheben ist auch: Die internationale und die europäische Rechtsebene verlieren ihre Bedeutsamkeit nicht, wenn das nationale Recht die wichtigsten Figuren umgesetzt hat. Auch in der weiteren Rechtsanwendung wird das einheitliche, vom internationalen und europäischen Bereich ausge-hende Begriffsverständnis maßgeblich; vor allem bleiben die beiden oberen Ebene auch weiterhin als Quelle neuen Rechts und von Rechtsänderungs-aktiv.

Auf die Ko-Evolution des Rechts folgt also die gemeinsame Weiterent-wicklung. Sie kann im annähernden Gleichschritt oder im Gleichklang der Rechtsgrundlagen der drei Ebenen vor sich gehen; aber auch hier kann es wiederum Pioniere bei einer nationalen oder internationalen Rechtsordnung geben. Die Konstellation der drei Ebenen des Rechts schafft nicht nur neue noch zu analysierende Sachprobleme, sondern sie zeigt schlaglichtartig das Schrumpfen autonomer Rechtsentwicklungspotentiale der nationalen Rechtsordnungen. Sie findet sich häufig im Lebensmittelrecht, Umweltrecht (Begriff Abfall, Pyramide Umweltvölkerrecht, europäisches und nationales Umweltrecht) und Informationsrecht. Überall ist die Fähigkeit zur autonomen Entwicklung von grundlegenden Rechtsbegriffen für die nationalen Rechts-ordnungen im Schwinden, nur noch die Pionierstaaten können dies tun, die anderen ziehen mit und nach. Sie müssen nachziehen, weil angesichts der starken Verflechtungen in der Sache auch das Recht sich in einem gewissen Gleichklang bewegen muß.

---

[253] Durch die Entstehungsgeschichte sowohl der Sache Privatisierung wie des zugehörigen Rechts war die deutsche Rechtsentstehung und -entwicklung des TKG schon von Anfang an mit europäischen Vorgaben und internationalen Tendenzen und Vorbildern verklammert.

6. Fortgang des Aufgabenwandels und der Entwicklung
des Öffentlichen Rechts

Die Herausforderungen an das Recht durch neue Staatsaufgaben oder durch eine veränderte Bewertung alter Aufgaben sind mit der Privatisierungs- und Deregulierungspolitik nicht zu Ende gekommen. Die zunehmende Bedeutung von Information und Kommunikation im gesellschaftlichen Leben hat längst zur Selbstwahrnehmung der Gesellschaft als Informationsgesellschaft geführt und dementsprechend auch ein Informationsrecht entstehen lassen;[254] von der veränderten Rolle des Staates in der Informationsgesellschaft ist die Rede.[255] Ähnliches gilt für das Stichwort der Wissensgesellschaft. Auch die alte Staatsaufgabe der Sicherheit, einer der Hauptzwecke des Staates und ein Kern der Legitimität des Staates, wird in die neue Diskussion über Staat und Gesellschaft einbezogen und in neuen Zusammenhängen diskutiert.[256]

7. Die „Neue Verwaltungsrechtswissenschaft"

In den letzten 10 bis 15 Jahren sind mit dem Themenblock „Privatisierung + Privatisierungsfolgenrecht und Deregulierung + Regulierungsrecht" nicht nur neue gesellschaftliche Problemlagen in die Aufmerksamkeit des Öffentlichen Rechts getreten. Es hat darüber zum ersten Mal in dem beobachteten Zeitabschnitt auf der Wissenschaftsebene eine breite Neubesinnung gegeben, deren Selbstverständnis sich im Postulat einer „Neuen Verwaltungsrechtswissenschaft" ausdrückt. Der programmatische Anspruch auf ein neues Verständnis der Verwaltungs(rechts)wissenschaft wird nicht nur in vereinzelten Schriften, sondern von einer größeren Gruppe in gemeinsamen Veröffentlichungen vorgetragen. Es gibt eine Publikationsreihe: „Reform des Verwaltungsrechts" in neun Bänden, die über elf Jahre hinweg in neun Tagungen erarbeitet worden sind.[257]

---

[254] *Kloepfer* (Hrsg.), Technikentwicklung und Technikrechtsentwicklung, 2000; *Schoch/Kloepfer/Garstka*, Entwurf eines Informationsfreiheitsgesetzes für die Bundesrepublik Deutschland, 2002; *Schoch,* Informationszugangsfreiheit im Verwaltungsrecht, in: FS Erichsen, 2004, S. 247–263; *ders.,* Öffentlich-rechtliche Rahmenbedingungen einer Informationsordnung, VVDStRL 57 (1998), S. 158 – 217; *Franzius*, Strukturmodelle des europäischen Telekommunikationsrechts. Ein Rechtsrahmen für die Informationsgesellschaft, EuR 2002, S. 660.

[255] So *Bullinger*, Neue Informationstechniken – neue Aufgaben des Rechts im Staat der Informationsgesellschaft in: Kloepfer, Technikentwicklung (Fn. 254), S. 149 ff.

[256] Zu den modernen Sicherheitsproblemen, die zu einer Renaissance des Themas führen werden, *Stoll,* Sicherheit als Aufgabe von Staat und Gesellschaft: Verfassungsordnung, Umwelt- und Technikrecht im Umgang mit Unsicherheit und Risiko, 2003; *Möstel,* Die staatliche Garantie für die öffentliche Sicherheit und Ordnung, 2002.

[257] Schriftenreihe „Reform des Verwaltungsrechts": *Hoffmann-Riem/Schmidt-Aßmann/Schuppert* (Hrsg.): Reform des Allgemeinen Verwaltungsrechts. Reformbedarf und Reformansätze, 1993; Hoffmann-Riem/Schmidt-Aßmann (Hrsg.), Innovation und Flexibilität des Verwaltungsrechts, 1994; Öffentliches Recht und Privatrecht als wechselseitige Auffangordnungen, 1996; Verwaltungsorganisationsrecht als

Aus dieser Zusammenarbeit ist ein großer Kreis von Rechtswissenschaftlern entstanden, die sich um den Zentralbegriff der Reform[258] gruppieren und sich als „Reformer" oder „reformorientierte Verwaltungsrechtswissenschaftler" bezeichnen oder bezeichnet werden.[259] Es gibt Programmschriften[260], erste Gesamtdarstellungen[261] und Sammelbände[262], und es gibt ein großes Publikationsprojekt: Handbuch der Verwaltungsrechtswissenschaft, dessen erster Band 2006 erscheint.[263] Dieser Ansatz ist in so vielen programmatischen Äußerungen vorgestellt worden, daß er auch hier in den eigenen Worten authentisch zur Sprache kommen soll: Der Mitherausgeber *Andreas Voßkuhle* führt aus:[264]

„Die eingangs konstatierten grundlegenden Veränderungen im Verwaltungsrecht finden in der Lehrbuch- und Kommentarliteratur bis heute kaum

---

Steuerungsressource, 1997; Effizienz als Herausforderung an das Verwaltungsrecht, 1998; Strukturen des europäischen Verwaltungsrechts, 1999; Verwaltungsrecht in der Informationsgesellschaft, 2000; Verwaltungskontrolle, 2001; Verwaltungsverfahren und Verwaltungsverfahrensgesetz, 2002; *Schmidt-Aßmann/Hoffmann-Riem* (Hrsg.), Methoden der Verwaltungsrechtswissenschaft, 2004.

[258] Neben dem Titel der gesamten Reihe z.B. *Hoffmann-Riem,* Verwaltungsrechtsreform. Ansätze am Beispiel des Umweltschutzes, in: Hoffmann-Riem/Schmidt-Aßmann/Schuppert (Hrsg.), Reform des allgemeinen Verwaltungsrechts, (Fn. 102); *ders.,* Die Reform des Verwaltungsrechts als Projekt der Wissenschaft, Die Verwaltung 32 (1999), S. 445; *ders.,* „Schlüsselbegriffe" der Verwaltungsrechtsreform, Verwaltungsarchiv 1992 (2001), S. 184 ff.

[259] *Voßkuhle,* Verwaltungs- und Verwaltungsprozeßrecht, in: FS C.H. Beck Verlag, 2006 (im Erscheinen), MS. 16 („Reformkreis", der „auch methodisch zu einer Neuausrichtung der Verwaltungsrechtswissenschaft geführt hat"). Das Selbstverständnis schlägt sich auch in einer eigenen Geschichtsschreibung nieder. Insgesamt schreitet die Darstellung der Gruppe als Gruppe voran.

[260] *Schuppert,* Verwaltungsrechtswissenschaft als Steuerungswissenschaft. Zur Steuerung des Verwaltungshandelns durch Verwaltungsrecht, in: Hoffmann-Riem/Schmidt-Aßmann (Fn. 102), S. 93 ff.; *Voßkuhle,* Methode und Pragmatik im Öffentlichen Recht, in: Bauer u.a. (Hrsg.), Umwelt, Wirtschaft und Recht, 2002, S. 171; *ders.,* Die Reform des Verwaltungsrechts als Projekt der Wissenschaft, Die Verwaltung 32 (1999), S. 445; *ders.,* „Schlüsselbegriffe" der Verwaltungsrechtsreform, Verwaltungsarchiv 1992 (2001), S. 184 ff.; *Bumke,* Methodik (Fn. 2), S. 73, 103 ff.

[261] *Schuppert,* Verwaltungswissenschaft (Fn. 223).

[262] Regulierte Selbstregulierung als Steuerungskonzept des Gewährleistungsstaates. Ergebnisse des Symposiums aus Anlaß des 60. Geburtstags von Wolfgang Hoffmann-Riem, 2002 (Die Verwaltung Beiheft 4/2001); *Schuppert,* (Hrsg.), Jenseits von Privatisierung und „schlankem" Staat: Verantwortungsteilung als Schlüsselbegriff eines sich verändernden Verhältnisses von öffentlichem und privatem Sektor, 1999, und die Fn. 257 erwähnte Schriftenreihe.

[263] *Franzius,* Funktionen des Verwaltungsrechts, Handbuch der Verwaltungsrechtswissenschaft, Bd. 1 (2006 im Erscheinen), charakterisiert das auf drei Bände angelegte Handbuch der Verwaltungsrechtswissenschaft als ein Grundlagenwerk, das sich zur Darstellung des gegenwärtigen Verwaltungsrechts erstmals umfassend und konsequent an der Steuerungsperspektive orientieren will.

[264] *Voßkuhle* (Fn. 259) unter C II. 3: Neuaufbruch: Projekt des Handbuchs der Verwaltungsrechtswissenschaft.

Berücksichtigung … Eine Zäsur bildet insoweit das vom Beck-Verlag betreute Projekt eines Handbuchs der Verwaltungsrechtswissenschaft. Unter der Ägide der Herausgeber *Wolfgang Hoffmann-Riem, Eberhard Schmidt-Aßmann* und *Andreas Voßkuhle* sind hier über 40 reformorientierte Verwaltungsrechtswissenschaftler bestrebt, gemeinsam – begleitet durch zahlreiche Workshops – die Summe jener wissenschaftlichen Bemühungen zu ziehen, die während der letzten Jahrzehnte im Verwaltungsrecht stattgefunden haben, um auf diesem Fundament einen wesentlichen Beitrag zu seiner Fortentwicklung zu leisten. Ob die Praxis sich davon befruchten läßt, bleibt abzuwarten."

Claudio Franzius legt dar:[265] „… die Verwaltungsrechtswissenschaft selbst ist in Bewegung geraten. Es wird eine *Neue Verwaltungsrechtswissenschaft* proklamiert, die sich aus Steuerungsperspektive definiert und damit zum Ausdruck bringt, daß das Verwaltungsrecht in erster Linie ein Verhaltensprogramm und nicht bloß ein Kontrollprogramm bereitstellt. Dieser bemerkenswerten Verschiebung der Erkenntnisinteressen, mit denen sich die Verwaltungsrechtswissenschaft disziplinär (wieder) öffnet und Anschluß an die europäische Rechts- und Wissenschaftsentwicklung sucht, liegt die Einsicht in die Funktionenvielfalt des Verwaltungsrechts zugrunde, was für die administrative Rechtsanwendungspraxis nicht ohne Folgen bleiben dürfte."

Die programmatischen Schriften zeigen ein umfassend formuliertes Konzept, einen hohen Anspruch, ein Zäsurbewußtsein und kräftige Elemente einer Gruppenbildung. Anschaulicher Höhepunkt all dieser Eigenschaften ist die Selbstausrufung als „Neue Verwaltungsrechtswissenschaft", die durch die Großschreibung den Anspruch auf die Verkörperung einer Epoche ankündigt.[266]

a) Dem rechtswissenschaftlichen Programm nach will die Neue Verwaltungsrechtswissenschaft betont *wissenschaftlich, interdisziplinär* und *gesetzgebungsbezogen bzw. rechtspolitisch orientiert* sein. Der explizite Anspruch auf Wissenschaftlichkeit bedeutet, daß die Neue Verwaltungsrechtswissenschaft sich nicht länger im Bannkreis der Verwaltungspraxis und der Verwaltungsgerichte mit deren Fokus auf (Einzelfall)Entscheidungen bewegen will. Angestrebt sind statt dessen Diskurse über die Programmebene, also über das zukünftige richtige Recht. Die programmatische Formel für den Weg der Verwaltungsrechtswissenschaft lautet: von der anwendungsbezogenen Interpretationswissenschaft zur rechtsetzungsorientierten Handlungs- und Entscheidungswissenschaft.[267]

---

[265] In seinem Beitrag: Funktionen des Verwaltungsrechts, Handbuch der Verwaltungsrechtswissenschaft, Bd. 1 (2006 im Erscheinen), unter „Einführung".

[266] Damit ist eine sehr selbstsichere Bezeichnung kreiert, die Neuerungen in der Verwaltungsrechtswissenschaft als Neue Wissenschaft postuliert, also in den Kategorien eines qualitativen Sprungs, einer Zäsur und Abgrenzung denkt.

[267] So schon *Voßkuhle,* Die Renaissance der „Allgemeinen Staatslehre" im Zeitalter der Europäisierung und Internationalisierung, JuS 2004, S. 2–7.

Interdisziplinär heißt, daß jetzt im Gegensatz zu früher, als die Sozial-wissenschaften als der natürliche Gesprächspartner galten, in erster Linie die Wirtschaftswissenschaft, die Umweltökonomik und die neue Institutionen-Ökonomie Bezugsdisziplinen sind.[268] Im weiteren will die gesetzgebungs- bzw. rechtspolitische Orientierung das Verwaltungsrecht als *Steuerungswissenschaft* verstehen.[269] Betont wird die sog. Bereitstellungsfunktion des Rechts, also der auch schon früher verstandene Beitrag des Rechts, den Aktivitäten nicht nur Grenzen zu setzen, sondern auch ihrer Ermöglichung zu dienen. Verbunden mit der betonten rechtspolischen Orientierung macht sich hier ein starker Gestaltungswille in der Rechtspolitik geltend.

b) Am Programm der Neuen Verwaltungsrechtswissenschaft interessiert hier – entsprechend der leitenden Fragestellung des Textes, die auf Reaktionen der Rechtwissenschaft auf neue Staatsaufgaben gerichtet ist –, ob und in welcher Weise ihr Projekt durch ihre Referenzgebiete und die Einbettung in die spe-zifische Konstellation ihrer Entstehungszeit geprägt ist. Auslöser der Konzepte waren die gesellschaftlichen und politischen Bewegungen zur Privatisierung und Deregulierung.[270] Diese konnten nur durch große Gesetzgebungspakete, die jahrelange rechtspolitische Anstrengungen und Diskussionen erforderten, verwirklicht werden. Die Dominanz der Rechtspolitik lag so zunächst weniger in einem neuen wissenschaftlichen (Methoden)Verständnis, sondern in der Reak-tion auf die Eigengesetzlichkeiten der Privatisierungspolitik, die eben jahrelang ein Projekt der Rechtspolitik war. Schon deshalb konnte auf diesen Feldern über Jahre hinweg niemand seinen Schwerpunkt auf die Bearbeitung von Ein-zelfällen oder Gerichtsentscheidungen legen, diese waren gar nicht vorhanden.
Im Zusammenhang mit der rechtspolitischen Orientierung will oder muß die Neue Verwaltungsrechtswissenschaft die Gesetzgebungslehre wiederbele-ben, weil ohne sie eine wissenschaftlich fundierte Rechtspolitik nicht möglich ist. Dieses kennzeichnende Merkmal der rechtspolitischen Orientierung verdient eine nähere Betrachtung. Rechtspolitisch zu argumentieren war dem

---

[268] Dazu *Engel/Morlok* (Hrsg.), Öffentliches Recht als ein Gegenstand ökonomischer Forschung. Die Begegnung der deutschen Staatsrechtslehre mit der Konstitutionellen Politischen Ökonomie, 1998. *Kirchgässner*, Homo Oeconomicus. Das ökonomische Modell individuellen Verhaltens und seine Anwendung in den Wirtschaftswissenschaften, 2. Aufl. 2000; *Voßkuhle*, „Ökonomisierung" des Verwaltungsverfahrens, Die Verwaltung 34 (2001), S. 347–369.

[269] Programmatisch dazu *Schuppert*, Verwaltungsrechtswissenschaft als Steuerungs-wissenschaft. (Fn. 260), S. 93 ff.; Verwaltungswissenschaft (Fn. 223) (dort ist Steuerung eine Grundkategorie); *ders.*, Staatswissenschaft (Fn. 234), S. 389 ff; *Hoffmann-Riem*, Modernisierung von Recht und Justiz, 2001, S. 31 ff., *Schmidt-Aßmann*, Das allgemeine Verwaltungsrecht (Fn. 42), S. 18 ff.

[270] Es ist zwar offensichtlich, daß die heute sich Neue Verwaltungsrechtswis-senschaft nennende Bewegung in die Jahre der Diskussionen über die „Reform des Verwaltungsrechts" zurückreicht. Ebensowenig ist zu übersehen, daß die Formulierung der Schlüsselbegriffe und der leitenden Konzepte erst in die Zeit der Privatisierung und Deregulierung fiel.

Öffentlichen Recht gerade in den 50 Jahren seit 1949 nicht fremd. Es fand
nur in einer anderen Weise als in der offenen rechtspolitischen Diskussion
über das wünschenswerte Gesetz statt. Es ist Folge der großen Nähe der
Verfassung zum einfachen Gesetzesrecht, daß bei jeder rechtspolitischen
Frage verfassungsrechtliche „Vorgaben" involviert sind. Insoweit wurde und
wird Rechtspolitik in Deutschland immer auch mit Argumenten aus dem
Verfassungsrecht angetrieben oder begrenzt. Eine der Hauptfiguren der letzten
15 Jahre, die Entwicklung des Privatisierungsfolgenrechts oder eines Gewähr-
leistungsrechts ist auch ein Ausdruck dieses Einsatzes des Verfassungsrechts als
Direktive der Rechtspolitik. In dieser typisch deutschen Methode setzte das
Verfassungsrecht der Privatisierungspolitik Grenzen oder es postulierte, daß
staatliche Einwirkung in bestimmter Hinsicht aufrechtzuerhalten sei, wenn
die Dienstleistungen selbst privatisiert wurden.

Wenn die „Neue Verwaltungsrechtswissenschaft" von Rechtspolitik und von
der Steuerungsfunktion des Rechts spricht, ist nicht ganz genau auszumachen,
welche Art Rechtspolitik sie damit meint. Bliebe es bei der erwähnten traditionellen deutschen Methode, dann könnte man damit durchaus Relevantes zur
Privatisierungs- und Deregulierungspolitik sagen,[271] neu wäre daran aber nichts.
Vieles spricht dafür, daß die postulierte Orientierung darüber hinausgehen will
und wirklich etwas Neues anzielt, nämlich die Teilnahme am offenen rechtspolitischen Ringen um das in der Sache Richtige, die richtigen Zielsetzungen
und die richtigen Programme. Das entscheidende Problem ist nun, spezielle
Methoden für einen solchen über eine (verfassungs)rechtliche Argumentation
hinausgehenden Diskurs zu finden. Die Neue Verwaltungsrechtswissenschaft
betont, daß man sich aus den Verengungen des an Einzelfällen orientierten
rechtlichen Argumentierens befreien wolle. Die Frage ist nur, was das Gegenteil dieser Verengungen ist. Das Gegenteil könnte eine nicht mehr zu
bewältigende Vielfalt von Dimensionen und Erwägungen sein, wenn man
den Anspruch verfolgt, eine „richtige" Politik wissenschaftlich zu betreiben.
Die große Unbekannte ist die Existenz einer Methode der rechtspolitischen
Argumentation. Insoweit soll an eine Bemerkung von *Niklas Luhmann* erinnert
werden, der im Zusammenhang mit Reformvorhaben zum öffentlichen Dienst
Anfang der 70er Jahre in Bielefeld ein Diskussionspapier zirkulieren ließ mit
der Überschrift „Im Irrgarten der Rechtspolitik". Mit dem Titel und den
Ausführungen wurde anschaulich beschrieben, in welcher Weise sich Projekte,
danach zur Reform des öffentlichen Dienstes, von einem zunächst klaren
inneren Kern von Reformideen sehr rasch zu immer weiteren Problemkreisen

---

[271] Die Infrastrukturverantwortung des Staates ist inzwischen in der Verfassung
verankert (Art. 87 GG) und damit eine normative Aussage des geltenden Verfassungsrechts. Im davorgelegenen Ringen um diese Verfassungsbestimmung und überhaupt
um das Ausmaß von Privatisierungsvorgängen bei Infrastruktureinrichtungen haben
verfassungsrechtliche Argumente, die aus dem Sozialstaatsprinzip abgeleitet sind, eine
bedeutende Rolle gespielt – daß heißt die rechtspolitische Argumentation im Kontext
verfassungsrechtlicher Prinzipien ist ergiebig.

öffnen und immer weitere Zusammenhänge erfassen, ohne daß Methoden zur Bewältigung dieser größeren Themenkreise und der unübersehbaren Komplexität zur Verfügung stünden, außer dem Willen, auf die gute Ordnung des Gemeinwesens bedacht zu sein. Es ist eine ungeklärte (Test)Frage für die Neue Verwaltungsrechtswissenschaft, die Methoden der offenen, nicht bloß verfassungsrechtlich eingekleideten rechtspolitischen Diskussion zu entwickeln und am aussagekräftigen Beispiel darzulegen.

Wenig diskutiert ist ein zunehmend wichtiger werdendes Problem: Ein rechtsetzungsorientierter Ansatz kann sich in einer gemeinschaftsrechtlich stark beeinflußten Rechtsordnung eines Mitgliedsstaates nur auf eine Rechtsetzungslehre im national-europäischen Kondominium oder Verbund stützen. Damit erweitern sich die Bezugsdimensionen ein weiteres Mal. In der Tat müssen die mit dieser Dimensionserweiterung zusammenhängenden Probleme in der nächsten Zukunft bearbeitet und bewältigt werden. Ob dieser Ausgriff auf das europäisch-mitgliedstaatliche Verbundsystem der Gesetzgebung aber zugleich mit einer betonten Erweiterung der rechtswissenschaftlichen Diskurse auf die offene und umfassende rechtspolitische Dimension vereinbar und verkraftbar ist, muß sich erst noch zeigen.

c) Der Rückblick auf die Reaktionen des Öffentlichen Rechts auf die neuen Problemlagen oder neuen Staatsaufgaben wie Planung, Umweltschutz, Risikoverarbeitung und Privatisierung sowie Deregulierung zeigt, daß die Wahrnehmung neuer Herausforderungen und daraus folgender neuer Staatsaufgaben, gerade bei ihren Pionieren, mit der konkreten Gefahr der Vereinseitigung und Übersteigerung der Bedeutung des jeweils neuen Aufgabenfelds verbunden war. Ein Großteil der jeweils geäußerten hohen Erwartungen resultierte daraus, daß das Neue tendenziell als das derzeit allein Wichtige verstanden wurde. Der weitere Ablauf zeigte indessen jeweils, daß es zwar Neues gibt, daß es aber natürlich das Bisherige nicht ersetzen kann, sondern daß es zu den bekannten Aufgaben und deren Recht einfach hinzutritt. Die Neue Verwaltungsrechtswissenschaft ist mit einem sehr hohen Anspruch und ausgeprägten Neigung zur Selbstkennzeichnung auf den Plan getreten. Einen vergleichbaren Aufbruch findet man in den betrachteten 50 Jahren kaum.[272] Was man aus der hier betrachteten Vergangenheit vielleicht lernen kann, ist der typische oder wahrscheinliche Verlauf von neuem, von neuen Staatsaufgaben und ihrer Widerspiegelung im Recht und der Rechtswissenschaft. Nimmt man eine der ersten und stärksten Aufbrüche in Neuland, dann ist dies die

---

[272] Wenn überhaupt – Vergleiche sind immer nur partiell möglich – dann fühlt man sich an die Planungsdiskussion erinnert, die während eines Zeitraums von 15 Jahren einen Zyklus von Planungsabstinenz, Planungsbegeisterung und Planungsernüchterung durchlief. Schon früh machte sich eine Planungseuphorie der hohen Worte bemerkbar, etwa in *J. H. Kaisers* berühmten Einleitungssätzen zu: Planung I-III, 1965, 1966, 1968: „Planung ist der große Zug unserer Zeit" (I, S. 7); „Planung ist ein gegenwärtig ins allgemeine Bewußtsein aufsteigender Schlüsselbegriff" (I, S. 7); „Planung, eine Tochter der Krise" (III. S. 7).

Planungsbewegung. Dort ist der Zyklus aus Planungsabstinenz, Planungsbegeisterung und Planungsernüchterung idealtypisch zu beobachten. Am Ende wurde von der Planung nicht mehr der neue Staat, die neue Regierung oder die neue Gesellschaft erwartet. Dennoch war aber das Planungsthema am Ende jenes Zyklus nicht erledigt. In charakteristischer Weise war Planung, der übersteigerten Zukunftshoffnungen entkleidet, zu einer „normalen" Staats- und Verwaltungsaufgabe geworden. Planung fand in Gesetzgebung, Verwaltungspraxis und Verwaltungsrecht statt. Sie war nicht länger das neue Paradigma, sondern die Planung wurde im Recht als Bauleit-, Raumordnungs-, Fach- und Umweltplanung etabliert, als eine Staatsaufgabe neben anderen. Ebenso verstand sich das Planungsrecht nicht mehr als das schlechthin Neue oder die große Alternative, sondern als ein wichtiges Gebiet neben anderen wichtigen Rechtsgebieten. Man kann daraus auch eine Folgerung ziehen: Das Ganze des Verwaltungsrechts läßt sich nicht aus einem Punkt kurieren. Das Ganze des Verwaltungsrechts läßt sich ebensowenig wie das Ganze der Staatsaufgaben von einem Aufgabenfeld allein her erschließen.

Versucht man in diesem Zusammenhang, eine vorsichtige Lehre aus dem Entwicklungsgang der 50 Jahre Öffentliches Recht zu ziehen, so wird man für die Zeit nach der Gründungsphase sagen können: Die primären Ursachen der Entwicklungen waren nicht rechtswissenschaftsinterne Bewegungen, sondern die Veränderungen der realen gesellschaftlichen Problemlagen, die als Herausforderungen dem Recht begegneten und dann auch Antworten im Öffentlichen Recht erhielten.

d) Auf das Ganze der Entwicklung der letzten 30 bis 40 Jahren gesehen, scheinen mir, dem Vertreter einer alten Verwaltungsrechtswissenschaft, die Antworten des Öffentlichen Rechts nicht grundsätzlich oder umfassend defizitär gewesen zu sein, im Gegenteil. Nach einigen Autoren der Neuen Verwaltungswissenschaft hat es indes im zurückliegenden Öffentlichen Recht Krisen gegeben, sei es zu Beginn der 70er, sei es zu Beginn der 80er Jahre.[273] Natürlich kann es Krisen geben, von der die Beteiligten und die Beobachter damals nichts geahnt haben; große Krisen können es aber kaum gewesen sein. Vor einer Legendenbildung ist zu warnen. Geschichtsschreibung ist plural. Die hier im Text vorgelegte Geschichte der letzten 50 Jahre ist eine der möglichen Interpretationen, nicht mehr und nicht weniger. Dies gilt auch für die der Neuen Verwaltungsrechtswissenschaft, die die Geschichtsschreibung als immanenten Bestandteil der eigenen Programmatik versteht. An ihrer Selbstbeschreibung ist richtig, daß die „Neue Verwaltungsrechtswissenschaft" als Gegenbewegung oder als Kontraposition entstanden ist. Dies ist der normale Gang der Wissenschaft, die von Kritik am Bisherigen und der Weiterentwicklung lebt. Ob man das eigene korrigierende Fortschreiten gleich als Behebung einer Krise darstellen will oder kann, ist eine Frage der

---

[273] *Voßkuhle* (Fn. 259), MS, Teil B 1 5: Von der „Krise" zur „Reform" des Verwaltungsrechts; *Bumke*, Methoden (Fn. 2), S. 98 f.

Wissenschaftsstrategie und vielleicht noch mehr der gewählten Präsentation. Als Gegenbewegung gegen eine vorhergegangene Entwicklungsphase ist die Neue Verwaltungswissenschaft nicht automatisch auch die Synthese aus Altem und Neuem. Eine solche Synthese steht derzeit noch aus. Sie müßte sich auf die ganze Fülle der Verwaltungsaufgaben beziehen und daran bewähren.[274] Damit muß dann die ganze Fülle der verwaltungsrechtlich relevanten Referenzgebiete und Problemlagen ins Blickfeld kommen. Und alle Erfahrung legt nahe, daß das Ganze der Verwaltung und des Verwaltungsrechts nicht aus einer Perspektive zu erfassen ist. Nach gängigem Diktum und vielen Erfahrungen kann man nämlich die Verwaltung nicht positiv, sondern nur negativ umschreiben.[275] Der tiefere Grund dafür führt unmittelbar auf die Fülle der Staats- und Verwaltungsaufgaben. Wegen dieser Fülle und Unterschiedlichkeit der Staatsaufgaben ist eine gehaltvolle und inhaltlich relevante Definition der Verwaltung nicht möglich.[276] Verwaltung ist nur als die Gesamtheit ihrer unterschiedlichsten Aufgaben zu begreifen, alles andere wären unzulässige Verkürzungen. Demzufolge ist Verwaltungsrecht das Recht einer großen Fülle von inhaltlich unterschiedlichen Aufgaben.

D Europäisierung und Internationalisierung – die zweite Phase des Öffentlichen Rechts unter dem Grundgesetz

I. Der Fundamentalvorgang der Europäisierung: Die Verwandlung einer autonomen Rechtsordnung in die Rechtsordnung eines Mitgliedsstaates

Die folgenreichste Entwicklung der deutschen Rechtsordnung nach 1949 resultiert aus der 1958 vollzogenen Mitgliedschaft Deutschlands in der Eu-

---

[274] Es muß auch das Polizeirecht, das wieder zu einem wachsenden Gebiet werden dürfte, oder die leistende Verwaltung umfassen. Ob die Neue Verwaltungsrechtswissenschaft zu diesen Gebieten einen eigenen und von ihren Methoden geleiteten Zugang hat, muß sie erst noch erweisen.

[275] *Forsthoff*, Lehrbuch des Verwaltungsrechts, 1. Band, 1 Aufl. 1950, beginnt damit sein Lehrbuch. „Von jeher ist die Verwaltungsrechtswissenschaft um eine Definition ihres Gegenstands, der Verwaltung, verlegen." Dies sei kein behebbarer Mangel der Theorie. „Vielmehr liegt es in der Eigenart der Verwaltung begründet, daß sie sich zwar beschreiben, aber nicht definieren läßt".

[276] Um das Argument so stark zu machen, wie es ist: Der Anspruch, alle Verwaltungsaufgaben aus einer Perspektive oder von einer Theorie her gehaltvoll zu erfassen, würde nichts weniger oder mehr voraussetzen als eine schlüssige Theorie der Staatsaufgaben, die alle Aufgaben umfaßt. Sie gibt es nicht, und vieles spricht dafür, daß es sie nicht geben kann. Deshalb bleibt es auch bei der Verwaltung im Hinblick auf die Aufgaben bei beschreibenden, aufzählenden Vorgehensweisen.

ropäischen (Wirtschafts)Gemeinschaft. Deutschland ist weiterhin ein Staat, gewiß, aber in vielerlei Hinsicht ist es treffender, es als Mitglied-Staat zu charakterisieren.[277] Seine Rechtsordnung ist nicht mehr autark oder autonom. Das Recht in einem Mitgliedstaat ist pluralisiert. Das in Deutschland geltende Recht ist nicht nur deutsches Recht, sondern ein aus mehreren Quellen stammendes, zusammengesetztes und ineinander verwobenes Recht.[278] Dieser Grundsachverhalt bestimmt die Ausgangslage für nahezu jedes Rechtsgebiet. Es gibt kein Refugium mehr, in dem ein deutsches Rechtsgebiet mit sich selbst alleine ist.[279] Statt dessen ist es zur Normallage geworden, daß jedes konkrete Rechtsgebiet in dem Sinne europäisiert worden ist, daß es vorrangiges Gemeinschaftsrecht und eine Reihe von indirekten Wegen der Beeinflussung gibt.[280]

Als Fundamentalvorgang umgreift und umfaßt die Europäisierung nicht nur einzelne Rechtsgebiete,[281] sondern die Rechtsordnung als ganze. Sie führt zu

---

[277] Zur Gliedstaatlichkeit in der Europäischen Gemeinschaft grundsätzlich *Pernice/Isensee/Kirchhof,* Handbuch des Staatsrechts (Fn. 185), Bd. VIII, § 191 Rn. 20 ff.

[278] *Schwarze,* Europäisches Verwaltungsrecht, 2 Bde. 1988, 2. Aufl. 2005.

[279] Dies steht in einem nahezu totalen Gegensatz zu Beurteilungen bis in die sechziger Jahre hinein. Bekannt ist das Diktum von *Ulrich Scheuner,* Der Einfluß des französischen Verwaltungsrechts auf die deutsche Rechtsentwicklung, DÖV 1963, S. 714.: „Das Verwaltungsrecht gehört zu denjenigen Rechtsmaterien, in denen die nationale Eigenart eines Volkes und Staates sich am stärksten ausprägt. Es weist daher verhältnismäßig wenig Verflechtungen auf". Ähnlich noch 1978 der bekannte französischen Verwaltungsrechtler *Jean Riveraud,* dazu und zum Ganzen *von Danwitz,* Verwaltungsrechtliches System (Fn. 41), S. 1. Das Pionierwerk Anfang der 80er Jahre *Schwarze,* Europäisches Verwaltungsrecht im Werden, 1982, und *ders.,* Europäisches Verwaltungsrecht, 2 Bände, 2. (um ein Vorwort erweiterte) Auflage 2005.

[280] Das Schrifttum zum Fundamentalvorgang der Europäisierung ist kaum mehr zu überblicken. Dazu *Wahl,* Die zweite Phase (Fn. 11), S. 495 ff., dazu auch *ders.,* Zwei Phasen des Öffentlichen Rechts (Fn. 3), S. 411 ff.; *Schoch,* Europäisierung des Allgemeinen Verwaltungsrechts und des Verwaltungsprozeßrechts, NordÖR 2002, S. 1 ff.; *ders.,* Die Europäisierung des Verwaltungsprozeßrechts, in: Festgabe 50 Jahre Bundesverwaltungsgericht, 2003, S. 507 ff.; *von Danwitz,* Verwaltungsrechtliches System (Fn. 41); *Kadelbach,* Allgemeines Verwaltungsrecht unter europäischem Einfluß, 1999.

[281] Die Literatur zur Europäisierung des deutschen Rechts insgesamt, des Öffentlichen Rechts und Teilen davon ist nicht mehr zu übersehen. Verf. hat die Europäisierung auf den folgenden Rechtsgebieten exemplarisch verfolgt: *Wahl/Groß,* Die Europäisierung des Genehmigungsrechts am Beispiel der Novel-Food-Verordnung, DVBl. 1998, S. 2–14; *ders.,* Europäisches Planungsrecht – Europäisierung des Deutschen Planungsrechts, in: FS Willi Blümel, 1998, S. 617–646; *ders.,* Einige Grundprobleme im europäischen Raumplanungsrecht, in: FS Hoppe, 2000, S. 913 ff.; *ders.,* Das deutsche Genehmigungs- und Umweltrecht unter Anpassungsdruck, in: FS GfU, 2001, S. 237–265; *ders.,* Materiell-integrative Anforderungen an die Vorhabenzulassung – Anwendung und Umsetzung der IVU-Richtlinie, NVwZ 2000, S. 502–508; *ders.,* Materiell-integrative Anforderungen an die Vorhabenzulassung – Anwendung und Umsetzung der IVU-Richtlinie, in: Gesellschaft für Umweltrecht e.V. (Hrsg.), Die Vorhabenzulassung nach der UVP-Änderungs- und der IVU-Richtlinie: Dokumentation zur Sondertagung der Gesellschaft für Umweltrecht e.V. Berlin, 1999, 2000, S. 67 ff.

einer umfassenden Begegnung von verschiedenen Rechtsordnungen, und zwar unmittelbar zwischen der Gemeinschaftsrechtsordnung und dem deutschen Recht und mittelbar zum Dialog zwischen den Rechtsordnungen, der verschiedenen Mitgliedstaaten. Der Fundamentalvorgang ergreift nicht nur das Recht in den Büchern, sondern er erfaßt alle Dimensionen des Rechts. Durch die Europäisierung der Rechtsordnung als ganzer gerät diese in einen umfassenden Dialog. Die Begegnung zweier Rechtsordnungen – der Begriff ist bisher nicht gebräuchlich – hat eine eigene Qualität. Das deutsche Recht ist wie das Recht der anderen Mitgliedstaaten der Europäischen Union in der zweiten Hälfte des 20. Jh. eingetreten in eine zweite Phase seiner Entwicklung,[282] seit die Einwirkungen des Gemeinschaftsrechts objektiv sehr gewichtig geworden sind und inzwischen auch dementsprechend subjektiv hoch eingeschätzt werden. Kennzeichnend ist die Pluralisierung des deutschen Rechts. Deshalb ist für das neue Selbstverständnis des deutschen Rechts maßgebend, daß das Recht in Deutschland regelmäßig und nahezu flächendeckend einen zweiten Akteur hat, der sich bald zum ersten entwickeln könnte.

Für das Verständnis der Europäisierung ist es im Ausgangspunkt wichtig zu beachten, daß dieser Fundamentalvorgang verschiedene Dimensionen hat. Der viel behandelte *Vorrang* des Gemeinschaftsrechts ist eine wichtige, aber nicht die einzige Dimension. Natürlich zieht dieser Vorrang am meisten Aufmerksamkeit auf sich. Mit der Doktrin vom Vorrang des Gemeinschaftsrecht, der so in den Römischen Verträgen nicht niedergelegt war, hat sich der EuGH weitreichende Befugnisse selbst gegeben, die die Bedeutung der Judikative erst richtig konstituiert hat.

Damit ist ein vergleichbarer Prozeß abgelaufen wie beim Bundesverfassungsgericht, das sich durch verschiedene inhaltliche Lehren, wie der von der objektiven Dimension der Grundrechte, seine Reichweite und Bedeutung zum gewissen Teil selbst geschaffen hat.[283] Mit dem Vorrang des Gemeinschaftsrechts hat sich der Europäische Gerichtshof sozusagen selbst in den Sattel gesetzt und sich eine sehr hohe Kontrollbefugnis geschaffen. Die Lehre aus diesen Vorgängen ist: Die Etablierung eines Höchstgerichts in einer politischen Einheit ist in ihren Auswirkungen ein wenig vorhersehbarer Akt.[284]

Die – akzeptierte – Lehre vom Vorrang des Gemeinschaftsrechts hat das institutionelle Gefüge der Gemeinschaft stark verändert und die Nachrangigkeit der Rechtsordnungen der Mitgliedsstaaten befestigt. Die Lehre ist ein kräftig sprudelnder Quell von Befugnissen für den EuGH. Trotz der großen Bedeutung des Vorrangs des Gemeinschaftsrechts erschöpft sich darin die Folgen der Mitgliedschaft in der Union für die Mitgliedsstaaten und deren Rechtsordnungen nicht. Die Mitgliedschaft bewirkt eine umfassende

---

[282] *Wahl*, Die zweite Phase (Fn. 11).

[283] *Wahl*, Die objektive Dimension (Fn. 3), Rn. 27, S. 763.

[284] Ähnlich hat sich der U.S.-amerikanische Supreme Court in Marbury vs. Madison 1803 die Normenkontrolle zuerkannt und damit die Grundlage für seine zukünftige Stellung gelegt.

„Begegnung" der verschiedenen Rechtsordnungen. Dies führt zu vielfältigen Prozessen der freiwilligen Rezeption und von Lernvorgängen, bei denen sich ein mitgliedschaftliches Recht an Grundvorstellungen des Gemeinschaftsrechts oder des Rechts anderer Mitgliedstaten anpaßt. Jenseits des formellen Vorrangs gibt es also zahlreiche Felder eines faktischen Anpassungsbedarfs.[285] Am tiefsten wirkt auf die nationale Rechtsordnung der schon hervorgehobene Umstand ein, daß sie jetzt Rechtsordnung eines Mitgliedstaates geworden ist und deshalb eine dauerhafte, nicht mehr zu lösende Verbindung mit dem Gemeinschaftsrecht (und auch zu den anderen Mitgliedschaftsrechtsordnungen) eingegangen ist. Die Rechtsordnung als solche muß für alle ihre Teile in Rechnung stellen, daß es in der EU und in den anderen Mitgliedstaaten Alternativen zum eigenen Verständnis gibt, die für das deutsche Recht nicht nur irgendwie theoretisch interessant sind, sondern die auf langen und teilweise auch mittelbaren Wegen praktisch relevant werden. Was in einem anderen Mitgliedsstaat, mit dem Deutschland natürlich sehr eng verflochten ist, an Rechtsvorstellungen verwirklicht wird, kann dadurch schon ein Faktum und Faktor der innerstaatlichen Rechtsbildung werden. Denn wenn Interessengruppen im anderen Mitgliedsstaat ein für sie günstigeres Recht als in Deutschland vorfinden, dann werden sie für entsprechende Anpassung und Änderung eintreten. Die wirtschaftliche und gesellschaftliche Verflechtung erzeugt rechtspolitischen Anpassungsdruck zur eine oder andern Seite hin.

II. Konstitutionalisierung und Europäisierung als Vergleichsphänomene

Der Anwendungsvorrang des Gemeinschaftsrechts ist vom Europäischen Gerichtshof sehr früh „erfunden" worden (Costa/ENEL[286]). Er ist inzwischen unbestritten, jedenfalls für das Gesetzesrecht. Die Folge des Anwendungsvorrangs ist ein beispielloses Näherrücken des übernationalen Rechts zu den Rechten der Mitgliedstaaten. Aus der Perspektive von mehr als 50 Jahren deutschen Rechts seit 1949 bedeutet der Vorrang des Gemeinschaftsrechts nichts weniger, als daß *zum zweiten Mal nach 1949* der große Bestand des

---

[285] Dabei ist der Ausdruck Anpassung vielleicht mißverständlich. Wenn das Gemeinschaftsrecht für einen Teil der Rechtsordnung spezielle Regelungen vorschreibt, so etwa im gesamten Umweltbereich eine Informationsverpflichtung der Behörden und Informationsrecht von jedermann, dann ist davon der übrige Teil der Staatsaufgaben selbstverständlich formell-rechtlich nicht betroffen. Aus der Zweispurigkeit entstehen aber für die Gesamtrechtsordnung Probleme, zum einen sehr schwierige Abgrenzungsprobleme (was gehört zur Umwelt, was nicht?), und es sind die Lasten und die Kosten einer Zweispurigkeit zu bedenken. Aus all dem entsteht in manchen Fällen dann doch ein faktischer Anpassungsdruck, auch den europarechtlich nicht betroffenen Teil zu verändern.

[286] EuGH RS. 6/64, Slg. 1964, 1254, 1269.

positiven Gesetzesrechts unter die Einwirkung und Kontrolle eines vorrangigen Rechts geraten ist. Damit läßt sich als eine der großen und durchgehenden Entwicklungslinien des deutschen Rechts nach 1949 festhalten: Das Gesetzesrecht hat sich zweimal als nachrangig erwiesen, es ist unter Anpassungszwang gegenüber einem vorrangigen Recht geraten. Das Gesetzesrecht war und ist immer mit Blick „nach oben", zur Verfassung oder zum Gemeinschaftsrecht hin, zu verstehen. Von einem Selbstand des Gesetzesrechts kann nicht gesprochen werden. Die markanten Kennzeichen der mehr als fünfzig Jahre Rechtsentwicklung sind *Konstitutionalisierung* und *Europäisierung*.[287] Beide haben die Abhängigkeit des Gesetzesrechts deutlich hervortreten lassen. Sie geben auch Auskunft über die beiden Quellen der Beeinflussung und Direktionskraft. Es gehört zu den Grunderlebnissen des deutschen Juristen, auch zu seiner Sozialisation, daß das Gesetzesrecht nicht in sich ruht, daß es zweimal von übergesetzlichen Normen beeinflußt und geprägt worden ist und wird.

Für die historische Entwicklung gilt: Zunächst hat sich der (innerstaatlich-*interne*) Vorrang der Verfassung vor dem gesamten Gesetzesrecht nach 1949 ausgebildet und über lange Jahrzehnte hinweg in den einzelnen Rechtsgebieten durchgesetzt. Es war ein Dauerprozeß, nicht ein einmaliger Akt. Darauf folgte, zum Teil sich damit überschneidend, ebenfalls über Jahrzehnte hinweg, die Geltendmachung und Durchsetzung des *externen* Vorrangs des Gemeinschaftsrechts über das deutsche nationale Recht.[288] Beide Male war der Prozeß recht langwierig und mit spezifischen Anpassungsproblemen, auch mit beträchtlichem innerem Widerstand aus dem nachrangigen Bereich des Gesetzesrechts verbunden. Diese beiden Haupttendenzen der Konstitutionalisierung und Europäisierung begegnen sich also im zentralen Konzept des Vorrangs einer Rechtsschicht über die andere. In der von mir als erste Phase des Öffentlichen Rechts nach 1949 bezeichneten Epoche ging es um den innerstaatlichen Vorrang der Verfassung über das Gesetzesrecht. Die Verfassungsgeprägtheit des Gesetzesrechts gehört zum „acquis" des deutschen Rechts. Die Europäisierung thematisiert einen anderen Vorrang, einen externen. Der Vorrang des EU-Rechts ist dazu umfassender; durch ihn ist alles EU-Recht, nicht nur das Primärrecht, gegenüber dem nationalen Recht (inklusive seiner Verfassung) vorrangig. Darin zeigt sich die Eigenart eines föderalen Vorgangs. Ihm geht es darum, daß das gesamte kompetenzgemäße Recht der größeren Einheit Vorrang vor dem Recht der kleineren Einheit hat.

---

[287] Der in den letzten Jahren üblich gewordene Ausdruck Konstitutionalisierung besagt in der Sache nichts anderes als die Abhängigkeit des Gesetzesrechts von der Verfassung. Der Begriff eignet sich aber sprachlich besser als Kurzfassung des zugrundeliegenden Vorgangs; er eignet sich insbesondere zur abkürzenden Beschreibung der beiden Vorgänge im Doppelbegriff der Konstitutionalisierung und Europäisierung.

[288] Zur Unterscheidung von internem und externem Vorrang schon *Wahl*, Erklären staatstheoretische Begriffe die Europäische Union?, JZ 2005, S. 916, 921; *ders.*, Konstitutionalisierung (Fn. 76), S. 191, 197.

Es wäre reizvoll, kann aber hier nicht geleistet werden, die beiden Großvorgänge der Überformung von (Gesetzes)Recht durch eine vorrangige Rechtsschicht vergleichend zu beschreiben. Deutlich würde zunächst einmal, dies ist jenseits aller Theorien als bloße Beschreibung gemeint, daß die Geltung des Rechts nicht mechanisch verstanden werden darf. Die Statuierung des Vorrangs der Verfassung oder der des Gemeinschaftsrechts als einer Grundentscheidung und Weichenstellung im Recht ist die eine Seite. Das allmähliche Verbreiten, Angewöhnen und Mittragen dieser Geltung ist eine andere. Sie geschieht langsam, in Schritten, breitet sich von einem Rechtsgebiet zum anderen aus. Langsam wandelt sich der theoretische Vorrangsanspruch in einen gelebten, praktischen und praktizierten, auch akzeptierten Vorrang. Natürlich werden zum Beispiel alle Fälle und Konstellationen, die das Glück oder Pech haben, zum Europäischen Gerichtshof zu gelangen, mit der ganzen Strenge der theoretischen Geltung und mit dem Erziehungswillen des Europäischen Gerichtshofs beurteilt. Wenn irgendwo Generalprävention geübt und erfolgreich geübt wurde, dann durch die Rechtsprechung des Europäischen Gerichtshofes in Sachen Vorrang, ist doch der EuGH das personifizierte Mißtrauen des an sich mißtrauischen Gemeinschaftsrechts gegenüber den Praktiken des mitgliedschaftlichen Rechts. Der EuGH ist immer in der Erwartung, daß die mitgliedschaftliche Rechtspraxis das nicht einlöst, was die grundsätzliche Geltung beansprucht. Aber da natürlich längst nicht alle Konstellationen, in denen der Vorrang des Gemeinschaftsrechts „an sich" relevant ist, sofort oder überhaupt zur Entscheidung des EuGH oder eines mitgliedschaftlichen Gerichts kommen, hat es während des ganzen Überschichtungsprozesses immer wieder weiße Flächen oder Flecken in der Rechtslandschaft gegeben, in denen der Vorrang nicht aktualisiert war, in denen er sozusagen schlummerte, um eines Tages zum Leben, zum „law in action" gebracht zu werden.

Am schönsten und treffendsten werden die beiden Fundamentalprozesse in der jüngsten Zeit durch eine Instanz personifiziert, durch das Bundesverfassungsgericht. Es ist „Begünstigter" und „Betroffener" der beiden Vorrangdimensionen und der Überformungsvorgänge. Das Bundesverfassungsgericht ist der große Sieger der Konstitutionalisierung der deutschen Rechtsordnung. Zugleich ist das Bundesverfassungsgericht Betroffener, wenn man will Opfer, des weiteren anwachsenden Vorrangs des Europäischen Gerichtshofs und des EGMR.[289] Nirgends anders als beim Bundesverfassungsgericht kann man die innere Logik und Selbstläufigkeit der Abwehrreaktionen des von einem Vorrang Betroffenen studieren als in der jüngsten Rechtsprechung des

---

[289] Dies ist eine beschreibende Kennzeichnung, nicht eine Stellungnahme zu den etwas komplizierteren rechtlichen Verhältnissen und keine Stellungnahme zu den Rückzugsgefechten des Bundesverfassungsgerichts gegen den sich in Zukunft klar geltend machenden Vorrang der Entscheidungen des EGMR. (Es ist ein großer Unterschied zwischen dem nicht bestehenden Vorrang der EMRK gegenüber dem Grundgesetz und der sich aus Art. 46 EMRK ergebenden Bedeutung der Urteile des EGMR gegenüber der Bundesrepublik.)

Bundesverfassungsgerichts gegenüber dem EGMR. Mit großer Sensibilität wird wahrgenommen, daß die „Interventionen" der EMRK, in Wahrheit die noch viel einschneidenderen Interpretationen der EMRK durch den EGMR, in störender Weise in „ausbalancierte Teilsysteme des nationalen Rechts" eindringt.[290] Genauso ist es, wenn sich eine neue Rechtsordnung" über eine bestehende schiebt. So war es und so ist es auch beim Vorrang der Verfassung im Verhältnis etwa zum Privatrecht gewesen. Diese Wirkungen sind nicht die primären, nicht die zahlenmäßig häufigsten, aber es gibt sie und es wird sie auch in Zukunft geben. Rein harmonisch und spannungsfrei kann sich ein solcher Überschichtungsvorgang nicht abspielen. Am Beispiel der Entscheidungen des EGMR erfährt jetzt das Bundesverfassungsgericht, was es mit seinen vorrangigen Urteilen den (obersten) Fachgerichten in der Bundesrepublik „angetan" hat. Beidesmal ist klar, daß ein Vorrang logisch und sachlich nicht ohne Nachrang möglich ist. Das langsame Verlaufen der Prozesse der praktizierten Durchsetzung der beiden Vorrang-Konstellationen hat dieses Bewußtwerden lange Zeit hinausgeschoben und insoweit auch schonend gewirkt; aber vermeiden läßt sich das Bewußtwerden der eigenen Nachrangigkeit in den beiden Fällen nicht.

Im Ergebnis haben also auch der Vorrang der Verfassung und des europäischen Rechts, soweit er reicht, ihre Kosten, aber darüber dürfte wohl Einigkeit bestehen: es sind tragbare Kosten, die im Verhältnis zu den Vorteilen des größeren Rechtsraums nicht überzeichnet werden dürfen. Diese generellen Bemerkungen können und wollen nicht darüber hinwegtäuschen, daß es sich nicht nur im einzelnen, sondern auch im Grundsätzlichen viele Probleme gibt, das Verhältnis der vorrangigen Rechtsordnung zu anderen dogmatisch zutreffend zu bestimmen und vor allem auch die Auswirkungen zu verarbeiten. Ein Kardinalproblem der Zukunft betrifft die Fähigkeit der nationalen Rechtsordnungen, eine in sich geordnete schlüssige und systematisch abgestimmte Rechtsordnung (in der Horizontalen) aufrechtzuerhalten, wenn andauernd Einwirkungen auf der Ebene des Gemeinschaftsrechts (in der Vertikalen) zu erwarten sind, die eben diese systematische Einheitlichkeit des jeweiligen nationalen Rechts grundsätzlich zu stören geeignet sind.[291]

Wenn gewichtige Bestandteile des Rechts vom Gemeinschaftsrecht kommen, wenn das Gemeinschaftsrecht nicht nur eine Ansammlung von vielen Bestimmungen und Gerichtsentscheidungen ist, sondern zu einer veritablen *Rechtsordnung* geworden ist, dann kann es natürlich nicht sein, daß alles

---

[290] BVerfG, NJW 2004, S. 3407 ff. – Görgülü.

[291] Das Hauptproblem betrifft die Entwicklungs- und Konzeptfähigkeit der nationalen Rechtsordnungen. Wie kann in der horizontalen Ebene einer Rechtsordnung eines Mitgliedstaates innere Schlüssigkeit und Systemhaftigkeit bewahrt und hergestellt werden, wenn diese Rechtsordnung in der dauernden Einwirkung von anderen Rechtsvorstellungen aus dem vertikalen Verhältnis zur Gemeinschaft steht. Zu einigen dieser Probleme am Beispiel des Umweltrechts *Wahl*, FS GfU (Fn. 50), S. 237, 248 ff.

„Wichtige" von der deutschen Rechtsordnung und aus dem Gemeinschaftsrecht nur Beiläufiges kommt. Statt dessen hat das Gemeinschaftsrecht längst
eine eigene Gestalt gewonnen in eigenen Prinzipien, Leitvorstellungen und
Instituten. Dies mag alles noch nicht so ausgeprägt sein wie in einer nationalen Rechtsordnung. Das Gemeinschaftsrecht ist in seinem großen Bestand
sicherlich innerlich auch wenig abgestimmt. Dies alles ändert nichts daran, daß
eine anspruchsvolle Rechtsordnung vorhanden ist, die mit Vorrang versehen
ist. Konzept- und Systemfähigkeit kann für das deutsche Recht, wie für jedes
nationales Recht, nur erhalten und bewahrt werden, wenn das nationale Recht
wichtige Prinzipien des Gemeinschaftsrechts, z.B. das Öffentlichkeitsprinzip,
übernimmt und sich diese zu eigen macht. Gegen eine sich immer stärker
ausprägende Rechtsordnung mit Vorrang kommt die stärkste Abwehrhaltung
nicht an. Umgekehrt wird Zukunftsfähigkeit nur gewahrt, wenn man sich
auf den Boden der neuen Situation *und* der neuen Prinzipien stellt und sie
zur Grundlage der eigenen Systembildung macht. Es bleibt die ganz und
gar nicht geringe Aufgabe, solche neue Leitlinien in die bestehende deutsche
Rechtsordnung einzubauen. Hier gibt es beträchtlichen Spielraum, ihn muß
man nutzen. Ihn kann man aber nur nutzen, wenn man die Rezeption ernst
und ohne Vorbehalte bejaht. Mit diesen Andeutungen ist die große Aufgabe,
System- und Entwicklungsfähigkeit einer nationalen Rechtsordnung unter
den Bedingungen der Begegnung mit einer vorrangigen Rechtsordnung zu
ermöglichen, natürlich noch nicht gelöst, aber immerhin das Problem und
die Richtung der Lösung bezeichnet.

III. Wechselseitige Einwirkungen der nationalen Rechtsordnungen untereinander und mit der Gemeinschaftsrechtsordnung

So wichtig der Vorrang des Gemeinschaftsrechts und sein beträchtliches
Anwendungsfeld auch sind, das *Feld der wechselseitigen Einwirkungen* von
nationalem europäischem Recht ist, wie schon erwähnt, viel größer. Durch
die europäische Integration sind die nationalen Rechtsordnungen und das
Gemeinschaftsrecht in ein sehr differenziertes komplexes Feld des wechselseitigen Einflusses gekommen. Es treffen nicht nur einzelne Normen aufeinander,
sondern alles, was zu einer Rechtsordnung gehört, also die unterschiedlichen
Methoden der Interpretation, die unterschiedliche Rolle des Richterrechts,
die spezifische Rolle der Wissenschaft im Prozeß der Interpretation und
Anwendungen des Rechts und generell das jeweilige Rechtsverständnis, die
Grundlegung und Orientierung des Rechts entweder an der Ergebnisrichtigkeit oder der Verfahrensgerechtigkeit. Alle hier nur aufgelisteten Themen
können im Gemeinschaftsrecht anders entschieden werden als im deutschen
Recht. Das gleiche gilt für das Verhältnis zu den anderen mitgliedschaftlichen
Rechtsordnungen, aus denen insgesamt das neue Gemeinschaftsrecht wächst
und entsteht. Der Europäische Gerichtshof legt Normen – vermutlich

– anders aus als die deutschen Gerichte; er begründet offensichtlich anders. Der Europäische Gerichtshof schafft in viel größerem Umfang Richterrecht, er hat eine andere Technik der Bildung von Entscheidungsketten. Vom europäischen Verfahrensverständnis wird auch zu Recht gesagt, daß es eine andere Grundorientierung habe als das deutsche, daß überhaupt Verfahrensrichtigkeit eine größere Rolle spiele als Ergebnisrichtigkeit. Kurz: Alles, was mit dem Recht zusammenhängt – und dies ist viel mehr als der reine Gehalt der Normen –, kommt in eine Situation des Dialogs und der Begegnung. Die Aufmerksamkeit des deutschen Rechts und der deutschen Juristen muß eine Außenorientierung annehmen. Man muß sensibel und neugierig sein gegenüber diesen Unterschieden, die zwischen der eigenen und der anderen Rechtsordnung bestehen. Diese Neugier und Sensibilität schließen aber nicht ein, daß man sozusagen zwanghaft das andere, weil es anders ist, für besser hält. Hier wird als Vorstufe dafür plädiert, die Unterschiedlichkeit und die Pluralität zur Kenntnis zu nehmen und sich insoweit in der Grundhaltung neu auszurichten. Das Leitbild für die in einem nationalen Recht aufwachsenden Juristen muß in allen Mitgliedstaaten eine Doppelperspektive sein: man muß sowohl das eigene Recht erkennen wie auch in Rechnung stellen, daß alle Probleme in dem relevanten europäischen Bezugsfeld auch anders entschieden und gedacht werden können.

Es gilt hervorzuheben, daß die Europäisierung zu einem vermittelten Dialog der nationalen Rechtsordnungen untereinander geführt hat. Gegenüber den traditionellen Formen von Rechtsvergleichung und Interesse an Rechtsvergleichung kann nicht genug hervorgehoben werden: Rechtsvergleichung war an ihrem Beginn ein eher theoretisches (nur in manchen wirtschaftsnahen Gebieten auch praktisches) Interesse, das auf die Entdeckung der interessantesten oder „besten" Regelungen gerichtet war. Heute müssen die Rechtspraxis und das Leben in den verschiedenen Mitgliedstaaten verglichen werden; die Praktiker haben einen großen Bedarf an Kenntnis des Rechtslebens in den anderen europäischen Rechtsordnungen. Rechtsvergleichung wird hier sozusagen praktiziert, nicht nur als Erkenntnisvorgang behandelt. Aus diesem sehr viel verbreiterten Anschauungsmaterial gibt es dann eine größere Informiertheit, ein größeres Wissen über Alternativen in anderen Rechtsordnungen. Es gibt Prozesse der Selbstanpassung und Rezeption, der Erweiterung des eigenen Argumentationshaushalts und des Aufnehmens von Anstößen durch ein Denken in Alternativen. Darüber hinaus gibt es eine folgenreiche Orientierung auf den Vollzug von Rechtsnormen, auf das, was am Ende des gesamten Prozesses von Rechtssetzung und Rechtsanwendung tatsächlich herauskommt. Wenn die gleiche Anwendung der EU-Vorschriften interessiert – und Wirtschaftsteilnehmer muß dies interessieren –, muß sich sein Interesse weit über die Vergleichbarkeit des Rechts in den Gesetzen erstrecken. Ein Wirtschaftstreibender, der in Konkurrenz zu englischen, französischen und anderen Wirtschaftssubjekten steht, beruhigt es wenig, daß die Normen annähernd gleich sind, wenn in Deutschland die Dichte des Rechtsschutzes viel größer und damit das Risiko zeitaufwendiger Prozesse viel höher ist. Ähnliches gilt für die möglicherweise unterschiedliche Dauer von Verwaltungsverfahren. All diese Fragen erhalten auf der Folie der Alternativen und Vergleichbarkeit ein anderes Gewicht.

Die Sehnsucht nach Rückkehr zu einer Zeit, in welcher das gesamte deutsche Denken autonom aus sich selbst heraus, aus seinen Traditionen, seinem Selbstverständnis und seiner Rechtskultur zu verstehen war und die Veränderungen sich ebenso autonom aus jenen Quellen gespeist haben, ist vergeblich. Ebenso verfehlt ist eine defensiv-ängstliche Grundhaltung. Von dem Positiven der eigenen Rechtskultur kann nur derjenige einiges bewahren, der offensiv in dem Großlabor des neu entstehenden Rechts mitwirkt, als das sich die Bildung von Recht in der Europäischen Gemeinschaft darstellt. Das deutsche Öffentliche Recht hat einiges und vieles zu bieten, es hat auch schon Beträchtliches auf dem Weg nach Brüssel und Luxemburg gebracht. Dies alles gilt genauso für die anderen Rechtsordnungen. Alle sind Mitspieler, alle sind nur Mitspieler und nicht mehr Selbstbestimmer.

Wozu kommt es also in der Rechtsbildungsgemeinschaft der EU? Es findet ein Konzert der gemeinsamen Rechtsüberlieferungen in Europa statt, in dem es sehr starke unterschiedliche Akzente, verschiedene Instrumente und Tonarten gibt. Das deutsche Öffentliche Recht, das in den 50er Jahren neu gegründet wurde, hat eine erste Phase in der Prägung als verrechtlichte Rechtsordnung erlebt. Das deutsche Öffentliche Recht kann diese Entwicklungslinie jetzt in einer zweiten Phase nicht einfach fortsetzen, sondern es steht, wie die anderen nationalen Rechtsordnungen in Europa auch, in einer beispielsloser Weise im ständigen Vergleich, im Möglichkeitsraum vieler Alternativen, angefangen bei den konkreten Rechtsfiguren bis zum grundlegenden Rechtsverständnis. Die neue Grundsituation hat umfassende und tiefgreifende Wirkungen. Nur wer diese Wirkungen erkennt und erkennen will, wer sich auf den Boden der neuen Situation stellt, kann sie mit Aussicht auf Erfolg mitgestalten. Es geht um die Ko-Evolution von Gemeinschaftsrecht und nationalem Recht. Das nationale Recht könnte in einer Position der Selbstgenügsamkeit nichts mehr erreichen, aber das deutsche Recht hat mit seinen Traditionen beträchtliche und ausreichende Chancen, die Ko-Evolution von Gemeinschaftsrecht und nationalem Recht mitzugestalten. Dies alles hat mit Optimismus, dazu noch leichtfertigem Optimismus, nichts zu tun. Mein Selbstverständnis ist das eines Realisten, der die Entwicklungslinien analysiert, die neue Situation beobachtet und dem die Wertung hinzufügt, daß diese neue Grundsituation gewollt ist und daß sie grundsätzlich positiv ist.

E. Schluß

Damit komme ich auf den Ausgang zurück, auf den erwähnten zweiten Grund der Historisierung des geltenden deutschen Rechts. Neben dem unmittel-baren und aus sich selbst kommenden Nutzen einer historischen Analyse habe ich die Historisierung als Medium des vertieften Selbstverständnisses und zugleich als Grundlage für den heute unerläßlichen Dialog mit anderen Rechtsordnungen bezeichnet. Der Blick auf fünfzig Jahre Öffentliches Recht in der Bundesrepublik bestätigt das gebrauchte Bild vom Entwicklungspfad. Begonnen in der Gründungsphase und kontinuierlich fortgesetzt, ist ein Pfad der starken Verrechtlichung, der durchgehenden Subjektivierung und des umfassenden Rechtsschutzes ausgebildet worden. Außerdem hat das deutsche Öffentliche Recht in fünf Jahrzehnten auf den mehrfachen Wandel der Staatsaufgaben (Hinzutreten von Planung, Umweltschutz, Umgang mit Risiko, Privatisierung und Deregulierung) reagiert, im ganzen erfolgreich reagiert. Es hat seine Strukturmerkmale im wesentlichen beibehalten, sie aber gleichzeitig beträchtlich angepaßt. Das Neue wurde jeweils im konkreten Gesetzesrecht, im Besonderen Verwaltungsrecht, zuerst aufgegriffen und dann wanderte, im Falle der Bewährung, in die Gesetzeslücke einer mittleren Abstraktion und zuletzt ins Allgemeine Verwaltungsrecht. Alles Neue mußte sich aber wegen der typischen Verfassungsabhängigkeit des deutschen Verwaltungsrechts vor der Instanz des Verfassungsrechts bewähren; es erhielt auch von ihm Ziele und Direktiven. Die Verfassungsgeprägtheit des Verwaltungsrechts und die Offenheit für die gesellschaftlichen Problemlagen bzw. für neue Staatsaufgaben hat das Öffentliche Recht unter dem Grundgesetz zu beträchtlichen Erfolgen und zu einer inneren Geschlossenheit geführt. Die Hauptelemente sind, wie ausgeführt, eine weit vorangetriebene Verrechtlichung und eine ebenso gesteigerte Judizialisierung des gesellschaftlichen und des politischen Lebens.

An diesem Punkt greift die Historisierung als Medium der Selbstverständigung. Der Blick auf die 50 Jahre zeigt einen spezifischen Entwicklungspfad. Im Rückblick schärft sich das Bewußtsein von den Eigenarten des deutschen Öffentlichen Rechts. Sie treten besonders deutlich in der zweiten Phase der Europäisierung und Internationalisierung hervor, eben weil in ihr *Gegenbilder* im Gemeinschaftsrecht und im nähergerückten Recht der anderen Mitgliedsstaaten deutlich werden. In dieser Phase der Begegnung der Rechtsordnungen miteinander erhalten die Strukturmerkmale des deutschen Rechts eine Doppelqualität. Sie sind identitätsbestimmende Merkmale, häufig auch Gütezeichen der deutschen Entwicklung. Zugleich aber sind sie auch Eigenarten, also Besonderheiten und Unterscheidungsmerkmale gegenüber den anderen Rechtsordnungen. Unter der zweiten Perspektive geraten sie in den Status des Befragt- und des Hinterfragtwerdens. Die umfassende Vergleichsperspektive im europäischen Rechtsraum macht auch vor den identitätsbestimmenden Merkmalen nicht halt. Auch sie müssen sich in der zweiten Phase bewähren und rechtfertigen vor und im Dialog mit der anderslautenden Ausrichtung der anderen Rechtsordnungen. Für diese gilt dasselbe in der umgekehrten Richtung, weil es natürlich keine Einbahnstraße im Vergleichen und Hinterfragen gibt. Die Rechtsentwicklung in Europa, also in der EU und in den Mitgliedstaaten, ist ein rechtspolitisches Großlabor, das sich aus den mitgliedstaatlichen Rechtsordnungen und ihren Rechtsprinzipien speist – wovon denn sonst? Unverändert bleibt aber keine der Rechtsordnungen.

Angesichts dieser Grundkonstellation ist der Blick auf die parallelen Vorgänge in andern europäischen Ländern hilfreich. Frankreich oder Großbritannien z.B. haben im Gefolge der Europäisierung erlebt und erfahren, daß auch identitätsbestimmende Merkmale, die die Eigenart eines Entwicklungspfades ausmachen, erheblichen Änderungen unterworfen sind. In England gilt seit langem der Grundsatz der Parlamentssouveränität,[292] ähnlich ist es in Frankreich. Das entscheidende Neue, das diesen alten Grundsatz modifiziert, ist ihre Mitgliedschaft in der EU. Wie alle anderen Staaten ist das Vereinigte Königreich in seiner Rechtsordnung nicht mehr autonom. Die englische Rechtsordnung kann nicht mehr eigenen Rechtsgedanken folgen, als Mitgliedstaat in der EU kommen auch andere Grundentscheidungen hinzu, z.B. die Überprüfbarkeit von Parlamentsgesetzen. Als Folge davon hat der Europäische Gerichtshof erstmals 1989 ein Gesetz des Westminster-Parlaments als europarechtswidrig bezeichnet;[293] im Zuge dieser Entwicklung hat 2005 das Oberhaus Antiterrorgesetze des englischen Parlaments als gegen die EMRK verstoßend aufgehoben. Die Diagnose und die Prognose, daß auch in Deutschland Veränderungen und Einwirkungen ähnlichen Ausmaßes schon abgelaufen sind bzw. ablaufen werden, sind unschwer zu stellen. Auch für Deutschland ist eines sicher: Autonom geht die Rechtsentwicklung nicht weiter, sie vollzieht sich grundsätzlich in einer Ko-Evolution mit den Rechtsordnungen der anderen Mitgliedstaaten und der Europäischen Gemeinschaft.

Ein beträchtlicher Teil der Empörung, die in den letzten Jahren aus Anlaß von Einwirkungen des Gemeinschaftsrechts auf die deutsche Rechtsordnung geäußert worden ist, ist nur auf dem Hintergrund einer einigermaßen unreflektierten Haltung zu verstehen, daß das deutsche Recht der einzige Beurteilungsmaßstab ist und daß Abweichungen davon eigentlich nur negativ beurteilt werden können. Diese Haltung verkennt, daß es bei dem neuen Gesamtprozeß, einem Fundamentalprozeß, nicht nur um die eine Richtung des Vorrangs des Gemeinschaftsrechts vor dem nationalen Recht geht, sondern daß der Vorrang eingebettet ist in sehr umfassende Prozesse, in denen die einzelnen nationalen Rechte ihrerseits große Einwirkungsmöglichkeiten haben. Der Gesamtprozeß besteht nicht nur aus der Überordnung des Gemeinschaftsrechts, sondern in diesem Prozeß spielt die Entstehung des Gemeinschaftsrechts eine nicht minder große Rolle, in der die mitgliedschaftlichen Rechtsrollen als Ideenspender und Anreger fungieren. Überhaupt kommt es im Rahmen der Mitgliedschaft in der Europäischen Union zu vielfältigen Prozessen der Begegnung von verschiedenen Rechtsordnungen. Diese Vielfalt und die darin liegenden Chancen kann aber nur der erkennen, der die binnenorientierte Denkweise verläßt.

---

[292] Dazu zuletzt *Gernot Sydow*, Parlamentssuprematie und *Rule of Law*. Britische Verfassungsreformen im Spannungsfeld von *Westminster-Parliament*, *Common-Law*-Gerichten und europäischen Einflüssen, 2005.
[293] EuGH RS. C-213/89, Slg. 1990 I-2433 ff. – FACTOTAME, dazu *Sydow* (Fn. 292), S. 92 ff.

Es wird in Zukunft zu wechselseitigen Anpassungen kommen und kommen müssen, Anpassungen, die auch vor Grundsätzen und systematischen Bausteinen des deutschen Rechts nicht haltmachen. Die Themen, bei denen (nicht mehr über das Ob, sondern) über das Ausmaß der Veränderungen bzw. die Grade der Annäherung zu diskutieren ist, sind: Gestaltungsspielräume der Verwaltung, also die gesamte Problematik von Ermessen und Beurteilungsspielraum, dann die systematischen Eckpunkte des Kontrollkonzepts der Verwaltungsgerichte, nämlich Klagebefugnis, Kontrolldichte, Untersuchungsmaxime; dann die Verfahrenskonzepte und die Verfahrensfehlerlehre sowie alles, was mit der Verwaltungsöffentlichkeit und der Informationsfreiheit zusammenhängt. Auch die Grundrechtsdogmatik mit ihrer intensiven Verhältnismäßigkeitsprüfung und der wenig konturierten Ausstrahlungswirkung ist dem Prozeß des Vergleichens und Anpassens nicht entzogen. Die Richtung des Gesamtprozesses ist – dies ist ausdrücklich hervorzuheben – nicht die einseitige Anpassung des deutschen Rechts an alles, was „von oben" oder außen kommt. Aufgabe der Wissenschaft ist es nicht, das Primär- und Sekundärrecht der EU und die Entscheidung des EuGH allein deswegen, weil sich hier vorrangiges Recht äußert, für gut und richtig zu befinden. Die genuine Aufgabe von Wissenschaft, Kritik zu üben und eigenständige Beiträge zur Systematik zu liefern, ist natürlich auch für das europäische Recht zu erfüllen. Der Grundtatbestand der Pluralität der Rechtsquellen bleibt, der Vorrang des EU-Rechts ist unverrückt. Behaupten und bewähren können sich nur eine Rechtsordnung und eine Rechtswissenschaft, die den Vergleich und den Dialog innerhalb der europäischen Rechtsordnungen aufnehmen und am Entstehungsprozeß des europäischen Rechts und des Rechts in Europa teilnehmen wollen. Orientiert man sich an Alternativen und denkt man im Außenvergleich, dann bedarf dieses Vergleichsdenken einer festen Basis. Wer in einen Wettbewerb mit anderen Rechtsordnungen involviert ist und einen Dialog mit ihnen führen will, muß wissen, wer er selber ist, muß sich über die eigene Rechtsordnung und die tragenden Grundsätze, Denkgewohnheiten und Grundannahmen bewußt sein. Die Basis ist eine zureichende und zureichend vertiefte Kenntnis des eigenen Rechts, eine feste Vorstellung über das Gewordensein der eigenen Rechtsordnung, über die dabei wirksam gewesenen Grundvorstellungen. Dazu trägt die Historisierung des geltenden Öffentlichen Rechts bei, deshalb ist sie notwendig.

www.ingramcontent.com/pod-product-compliance
Lightning Source LLC
Chambersburg PA
CBHW050654190326
41458CB00008B/2565